U0923190

京剧大師尚小雲

李瑞環題

尚小雲

SHANG XIAOYUN

（1900 — 1976）

京劇大師

尚小雲

SHANG XIAOYUN
THE GREAT MASTER
OF BEIJING OPERA

陕西人民出版社
SHAANXI PEOPLE'S PUBLISHING HOUSE

《遊園驚夢》，尚小雲飾杜麗娘

Shang as Du Liniang in "Dreaming at Peony Pavilion".

《摩登伽女》，尚小雲飾鉢吉蒂

Shang as Boksidhi in "Maiden of Madengha".

《雷峰塔》，尚小雲飾白娘子

Shang as Bai Suzhen in "Leifeng Pagoda".

《北國佳人》，尚小雲飾小玉

Shang as Xiaoyu in "Beauty in the North".

《墨黛》，尚小雲飾墨黛

Shang as Modai in "Modai".

《雙陽公主》，尚小雲飾雙陽公主

Shang as Princess Shuangyang in "Princess Shuangyang".

《失子驚瘋》，尚小雲飾胡氏

Shang as Hu Shi in "Insane by Losing Her Son".

《昭君出塞》，尚小雲飾王昭君

Shang as Wang Zhaojun in "Zhaojun Goes Out of the Pass".

《梁紅玉》，尚小雲飾梁紅玉

Shang as Liang Hongyu in "Liang Hongyu".

序

戲劇，是人類文化至爲重要的組成部分之一。世界上許多民族都有屬於自己的戲劇藝術。京劇，是中國人引以爲驕傲的戲劇藝術，被譽爲國劇。因爲她傳承了中華民族數千年生生不息的文化藝術精神，是中華民族浩如烟海的戲曲文化傳統的精粹，集中體現了中國人在藝術領域内獨特的審美眼光和睿智。

悠久的中華文化，培育了豐厚的京劇藝術，形成了以演員爲中心，以寫意性、程式化爲特徵的京劇表演藝術體系，並且造就了一代代個性獨特、才華卓越的表演藝術家，匯聚成浩蕩恢弘、精彩綿延的藝術長河。尚小雲先生便是這樣一位令後人歆羡敬仰的藝術家，一位在京劇藝術史上獨具風采的藝術大師。

尚小雲及其尚派藝術，是20世紀中國京劇藝術史的重要篇章，這不只是因爲尚先生的舞臺藝術生涯幾乎與世紀同行，也不只是尚先生創建的藝術流派源遠流長，而是尚先生舞臺藝術表現出來的審美理想和審美價值豐富了20世紀的中國京劇藝術，並對後世發生着深刻的影響。

尚小雲先生對京劇藝術的傳統精神是極爲敬重的。他自幼受傳統藝術的熏陶和浸潤，磨礪出堅實的藝術功底。在長期的舞臺實踐中，在紛繁的世事變遷中，他博採衆長，開創了文武兼備、剛健矯捷、灑脱大方、氣韵生動的表演藝術流派，但始終恪守着京劇傳統的藝術精神。他興趣堅決，不爲潮流屈服，是一位對藝術真諦有着深切感悟的藝術家。同時，尚先生又是一位富有創造意識的藝術大師。他依據自身的天賦稟性，發揮嗓音剛勁、武功深厚的特點，堅持走自己的發展道路。以此構成了尚派藝術風格的基礎。

尚派藝術是一個完整的表演藝術體系，有着蓬勃的生命活力。其塑造人物、表現情感的手段豐富多樣，並與京劇藝術本體及其藝術精神高度地統一和諧。因而尚先生所塑造一系列性格迥然的女性形象，大都渾然天成不落痕迹，却又在對不同人物的表現中顯現他特有的藝術風格。在尚先生表演的衆多人物中，尤以一批性情剛烈的巾幗英雄或急公好義的俠女形象最爲感人肺腑，這也寄托了尚先生感時憂國、仁義博愛的人生情懷。

尚小雲畢生致力於京劇藝術繼承和發展，他整理演出了大量的傳統劇目，又主持編演了大批新戲。從《漢明妃》、《梁紅玉》、《乾坤福壽鏡》、《銀屏公主》、《墨黛》到《御碑亭》、《虹霓關》、《打漁殺家》、《武家坡》等衆多的新編劇目或經過精心琢磨的傳統劇目，滲透着尚先生對京劇藝術的深刻認識，散發着尚派藝術雋永的魅力，垂範後世。

尚小雲先生同時還是一位傑出的京劇教育家，他深知京劇藝術的世代相傳必以優秀的人才作爲依托。早年，他在極爲艱難的環境中創辦的榮春社科班，培養造就了大批優秀人才，是當時中國最爲著名的戲曲藝術教育機構之一。尚先生對教務活動事必躬親甚至不惜耗盡資産的佳話傳誦至今，聽來依然感人至深。晚年，尚先生更是對戲曲教育事業情有獨鍾，對繼承和發展京劇藝術傾盡心血。他嚴格施教，盡心育人，把自己畢生積累的寶貴經驗和藝術財富毫無保留地傳授給年輕一代，使我們永志難忘。

尚小雲先生離開我們已經很久了，但他所創立的尚派藝術却仍然活在廣袤的中華大地，仍然焕發着不息的生命活力。

欣聞陝西人民出版社編輯出版了這本《京劇大師尚小雲》畫册。她圖文并茂地記叙了尚先生的生平傳略、藝術成就、個人生活，我們從中感受到尚小雲先生對祖國、對人民、對京劇的至愛以及他豐富的精神世界。我們深信，這對於弘揚中華文化、傳播京劇藝術是有極大幫助的。這本畫册對尚小雲先生舞臺藝術的研究者和愛好者而言，將是那麽的彌足珍貴。

尚小雲表演藝術研究會

2002年11月於北京

FOREWORD

Drama makes a very important part in human culture. Many nations have their own drama art. As a special form of it, Beijing Opera, of which the Chinese are so proud, enjoys the reputation of "national opera". The reason is that as the gem of traditional Chinese culture, it has inherited the continuous culture and art spirit of Chinese nation who boasts a history of several thousand years, and has well reflected the unique Chinese aesthetic appreciation and intelligence in art.

The age-old Chinese culture has brought up such a rich and generous dramatic genre as Beijing Opera, forming one theatrical art system characterized by stylization and symbolism, and which stresses the leading position of the performer. At the same time, it has also produced generations of talented stage artists with their own unique styles, who have converged into a river so vast, brilliant and long-stretching, and in which Shang Xiaoyun is just one of the most respectful, and a great master with his own style in the history of this special opera.

Shang and his Shang School constitute an important chapter in the twentieth century history of the Opera. One may conclude that this is only because his stage art life almost covers the whole span of the century, or his well-established school is long-standing, yet as a matter of fact, the more fundamental reason is that the ideals and values of the aesthetic appreciation demonstrated by him has enriched the Opera in that century, leaving a profound influence on later times.

Shang respects very much the tradition of the Opera. Nurtured in the traditional arts from childhood, he laid a solid foundation for the Opera. Through long time stage practice and various social changes of the time, he learnt strong points from others and created his own school which is both elegant and militant, graceful and vigorous, natural and free, tasteful and touching, while sticking to the essence of the Opera's tradition. Faithful to his own pursuit and unyielding to the trends, he is an artist with a complete understanding of the true meaning of art. At the same time, he is also a creative master. According to his talent and taking advantage of his sound and vigorous voice and outstanding acrobatic fighting ability, he persisted in going his own way and thus laid the foundation for the Shang School.

The school, a complete stage art system full of life, has rich means in characterization and emotion expression while highly harmonious with the art essence and spirit of the Opera. Therefore although a large number of female images created by him have quite different dispositions from one another, they still remain so natural and pleasing to the eye, and you can never fail to find his own unique style from the display of different characters on stage. Among the numerous female images he portrayed on the stage, the most impressive and moving are those of hard heroines and kind-hearted swordswomen. This reflects his feelings towards the society, his worries over the nation, and his universal love for the human beings.

Shang has devoted his whole life to the inheritance and development of the Opera. Not only has he adapted and performed a large amount of traditional pieces, he has also presided over the writing and rehearsal of a great number of new pieces and performed them as well. Those numerous new and traditional pieces finely polished by him, such as "Concubine Mingfei of Han", "Liang Hongyu", "Qiankun Mirror", "Princess Yinping", "Modai", "The Pavilion of Royal Monument", "Rainbow Pass", "The Fisherman's Revenge", "Wujia Po", etc. all demonstrate his deep understanding of the art, giving forth the everlasting charms of the art of Shang School, leaving us masterpieces which will be worshiped and handed down by the future generations.

Moreover, he is also an excellent educator of the Opera. He knows well that the passing on of the art must rely on the qualified successors. In the early years, he established Rongchun Opera School, bringing up a great many outstanding performers, making the school one of the most well-known at the time. The stories that he tended everything personally in teaching affairs and operated the school with all his private property are still on everybody's lips today. In his later years, he concentrated all his minds on the education and devoted every effort to the inheritance and development of the art. He was strict with students and put his heart and soul into teaching, passing all his valuable experience in the art to the young generation without any reservation.

It has been quite a long time since Mr. Shang left us, yet the art of the Shang School he created is still alive in the vast territory of China with full vitality.

With pleasure we got the news that Shaanxi People's Publishing House is busy editing and will publish a picture album which narrates his brief biography, achievements in the art and personal life, with excellent work both in pictures and words. From the album we can feel his deep love for the land, the people and the Opera, and his rich inner world. We firmly believe that the publication will be very helpful to the promotion of Chinese culture and the dissemination of the Opera, and will be very valuable to both the researchers and fans for the art of the Shang School as well.

Shang Xiaoyun
Performance Art Society
Beijing, November 2002

CONTENTS

目録

PROLOGUE

The great master Shang Xiaoyun is one of the representatives of modern Beijing Opera in China. With his art life just coinciding the prime of the Opera, he is both the witness and participant in its middle and late history, in which his art practice plays an important role .

As an excellent stage artist, Shang is known as one of the Four Great Dan Actors, the rest being Mei Lanfang, Cheng Yanqiu and Xun Huisheng. With his sustained efforts and outstanding art sensitivity, he created an unique stage art school, the Shang School, contributing greatly to the richness of both expression techniques and opera pieces, and in this way has greatly enlarged stage space for dan role art. Thus, Shang has made himself one of the best figures among the sparkling Beijing Opera actors of the period.

Apart from being a master actor, Shang is also an excellent educator. From the middle 1930s to the late 1960s, he coached a large group of performers both through school teaching and apprentice bringing up. Moreover he made a breakthrough in the old teaching way with a perfect pattern of teaching means and organization. Since the 1940s, his disciples have taken gradually an increasing ratio among performers on stage each year, forming an important support to the Opera in its middle and late development.

At the same time, Shang is also an activist. He was the chairman of Liyuan Garden Association for many years, and public-spirited. During the period between the 1930s and 1940s, he played an important role in establishing and keeping the standardization of activities in the circle .

引 言

京劇大師尚小雲是現代中國京劇代表人物之一。其一生藝術經歷，恰與中國京劇鼎盛時期相始終，是京劇中後期歷史的見證人和參與者。其藝術實踐，是京劇發展史上占有相當比重的重要組成部分。

尚小雲是傑出的京劇表演藝術家，與梅蘭芳、程硯秋、荀慧生並稱“四大名旦”。他以不懈的努力和非凡的藝術敏感創立了獨特的表演藝術流派，爲京劇旦行藝術表現手段及劇目的豐富作出了重大貢獻，極大地開拓了旦行藝術的表演空間。尚小雲本人也成爲同一時期燦若星河的京劇表演人才群體中的佼佼者。

尚小雲是優秀的京劇教育家。自20世紀30年代中期至60年代後期，他通過科班教學、收徒傳藝培養和造就了大批京劇表演藝術人才。在教學手段和教學組織方面，都形成了較爲完善的格局，對以往京劇教學有着較大突破。自20世紀40年代起，尚小雲培養的京劇人才在京劇從業者中所占比例逐年上升，成爲京劇中後期業界的重要支撑力量。

尚小雲同時還是一位京劇活動家。他擔任梨園公會會長多年，長期熱心公益事業。在20世紀30–40年代，尚小雲對於北京京劇行業活動規範的建立和維護起了相當重要的作用。

京劇大師
尚小雲

足迹篇

20世紀20年代，中國開始了大規模文化重構。傳統文化面臨衝擊，外來文化不斷滲透，在更深更廣的層面上融入社會生活。屬于傳統藝術領域的京劇在這一文化動蕩時期，自亦深受影響。

世紀之初，清廷的覆亡使原來已進入宮廷的京劇重又走向市井里巷，開始了新一輪更爲激烈的生存競争。

文化環境移易與現實社會變革，破壞了京劇在進入宮廷過程中建立起來的審美格局及結構體系，也爲京劇發展提供了更爲廣闊的空間。

京劇歷十餘年興替，以其新興的藝術格局、衆多的從業人才以及大批新編劇目，在20世紀20年代以後，逐漸步入鼎盛時期。尚小雲即爲此一時期京劇業界人才群體代表人物之一。

尚小雲7歲從藝，自公元20世紀初葉至60年代後期，從未離開舞臺。其一生藝術經歷凡60年，其間主要階段，恰與京劇鼎盛時期相始終，是京劇藝術史中後期主要代表和見證人。

SHANG XIAOYUN
THE GREAT MASTER
OF BEIJING OPERA

FOOTPRINTS

The 1920s is the time when China began a large scale restructuring in culture. Foreign culture constantly penetrated deeper and broader into social life, thus challenging the traditional culture. As a traditional art , Beijing Opera was greatly influenced in this turbulent period.

In the early 20th century, the fall of Qing Dynasty made the Opera return from palace to the masses from which it originated, starting a new round of a more fierce competition for survival.

The changes of cultural environment and practical social revolution destroyed the aesthetic pattern and structural system of the Opera set up during its process of entering the palace. At the same time, this also offered a broader space for its development.

Within only a dozen of years of transformation, the Opera gradually entered the prime period after the 1920s, with a new art pattern, numerous participants and a great number of new opera pieces. Shang Xiaoyun is just a representative of the circle in this period.

Shang started learning the Opera when only seven, and from the early 1920s till the late 1960s, he never left the stage. His art life lasted for 60 years, the major part of which covered just the flowering period of the Opera. Thus he is the main representative and witness of the middle and late history of this national opera .

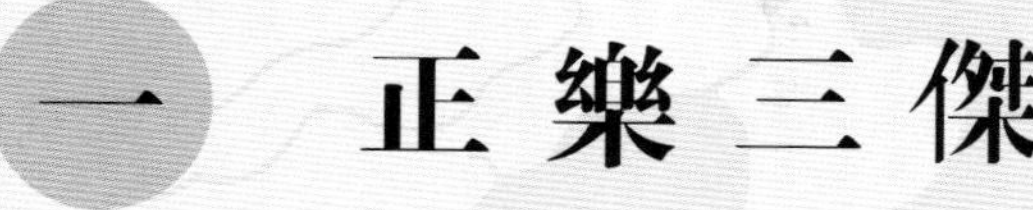

一 正樂三傑

Ⅰ. Best Three Actors in Zhengle Troupe

少年時代的尚小雲(1910 年)

Shang in his teens, 1910.

尚小雲，名德泉，字綺霞。自號平南裔子，曾用藝名三錫。祖籍河北南宮。1900年元月7日（清光緒二十五年歲次己亥臘月初七）生於北京。祖志銓，曾官縣令。父元照，清蒙古那王府執役。母，張文通。

父親尚元照

Shang Yuanzhao, his father.

母親張文通

Zhang Wentong, his mother.

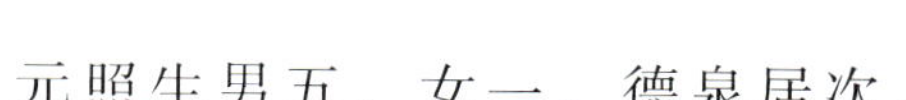

元照生男五、女一，德泉居次。

德泉不滿一歲，即逢庚子國變，家被兵禍，資財蕩盡。元照公悲不自已，鬱鬱成病，於德泉5歲時去世。全家依靠母親張氏走街串巷撿廢紙、換肥子兒（即把皂莢的黑子搗爛後揉成的圓球，可洗臉）度日。此時德泉就讀私塾不久，被迫輟學，後與其弟一起由母親送至名藝人李春福處學藝，初習老生。

李春福——尚小雲的第一位京劇老師

Li Chunfu, Shang's first teacher of Beijing Opera.

1909年，李際良、薛固久、孫佩亭等創辦三樂科班。德泉由李春福介紹入科，取藝名三錫。初隨趙春瑞學武生。不久，即登臺演《鄭州廟》，飾黄天霸。

緣於嚴師督教，三錫練功至勤，其幼功根基極爲扎實。然而因爲家貧，食不果腹爲其常事，登臺時常因體弱而顯得力不能支。

繼之，李際良命三錫改花臉，學《空城計》司馬師等角色。後因其面貌俊秀、嗓音清朗，遂從淨行教師陳四之議，改學旦角，開蒙爲唐竹亭。

三錫改學青衣以後，三樂班爲其特聘名旦孫怡雲教授正工青衣戲，由此始改藝名小雲。

孫怡雲是清末名旦，早年與陳德霖等同在三慶班，曾入内廷任教習，爲正工青衣，與孫菊仙、譚鑫培、汪桂芬等名家都曾合作，據傳早年聲名一度在陳德霖之上。其演唱風格爲傳統二黄正旦典型，以清朗剛健爲尚。尚小雲從孫怡雲學青衣戲，不但基礎扎實，而且路子極爲純正，受到了良好的規範訓練。

孫怡雲劇照

Sun Yiyun's stage photo.

1910年，尚小雲初改旦角，與同學董桂生合演《桑園會》，飾羅敷(右)。

In 1910 when Shang just changed to *dan* role, or female character type, he performed as Luo Fu (right) in "The Meeting at the Mulberry Garden" with his classmate Dong Guisheng.

其後，尚小雲又隨丁連升、張彩林等習刀馬旦。不久，即出演於北京民樂、吉祥等戲園，演《別宮祭江》、《硃砂痣》、《桑園會》、《落花園》、《汾河灣》、《千里駒》、《法門寺》、《祭塔》、《蘆花河》、《四郎探母》、《宇宙鋒》、《戰金山》等戲。

孫菊仙

SUN JUXIAN

尚小雲嗓音暢朗，天賦歌喉有穿雲裂石之勝，且真氣滂沛，更以扮相佳妙，經刻苦砥礪，不久即聲名鵲起。1914年12月，孫菊仙（老鄉親）返京，在張鎮芳堂會演出《行善得子》，列大軸。尚小雲因人舉薦，與之配演。綉簾初啓，彩聲雷動。此劇演畢，孫菊仙深贊小雲演技，主動提出與之合作四日，演出《三娘教子》、《戰蒲關》、《法門寺》、《審頭刺湯》等戲；又廣泛爲小雲延譽，小雲因而聲名益顯。其時，三樂班已改名正樂班，尚小雲與同班的荀慧生（白牡丹）、趙桐珊（芙蓉草）被譽爲“正樂三傑”。而孫老不遺餘力獎掖後進的作風，亦給予尚小雲深刻的影響。1915年初，北京《國華報》舉辦的菊選結果揭曉，尚小雲以18萬餘票於童伶中得領“博士”。

荀慧生劇照

Xun Huisheng's stage photo.

趙桐珊之《四郎探母》

Zhao Tongshan in "Silang Visits His Mother".

尚小雲之《金山寺》

Shang in "Jinshan Temple".

二 坐看雲起

Ⅱ. Rising of a New Star

出科後的尚小雲

Shang after graduation.

1916年8月，尚小雲出科。經老師孫怡雲推薦，搭入俞振庭春合社，與時慧寶、高慶奎、劉景然、黄潤卿、路三寶、程繼先、李連仲、朱桂芳等同臺，演出《貴妃醉酒》、《四郎探母》、《虹霓關》、《玉堂春》等戲，爲其正式搭班之始。

《汾河灣》，尚小雲飾柳迎春

Shang as Liu Yingchun in "By the Fenhe River Bend".

頭本《虹霓關》，尚小雲飾東方氏，李桂芳飾王伯當

Shang as Dongfang Shi and Li Guifang as Wang Bodang in " Rainbow Pass"(1st part).

《貴妃醉酒》，尚小雲飾楊玉環

Shang as Yang Yuhuan in "The Drunken Beauty".

二本《虹霓關》，尚小雲飾東方氏
Shang as Dongfang Shi in "Rainbow Pass" (2nd part).

嗣後，尚小雲又曾搭廣興園、同慶社，先後與王又宸、許蔭棠、龔雲甫、王長林、郝壽臣、高慶奎、李連仲、范寶亭、沈華軒、荀慧生、許德義、朱桂芳等同臺，演出《彩樓配》、《四郎探母》、《落花園》、《桑園寄子》、《虹霓關》、《別宮祭江》、《女起解》、《玉堂春》、《武家坡》等戲，聲譽日隆。

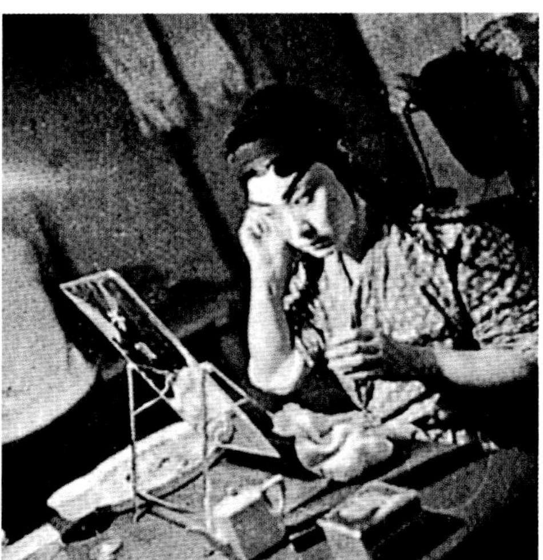
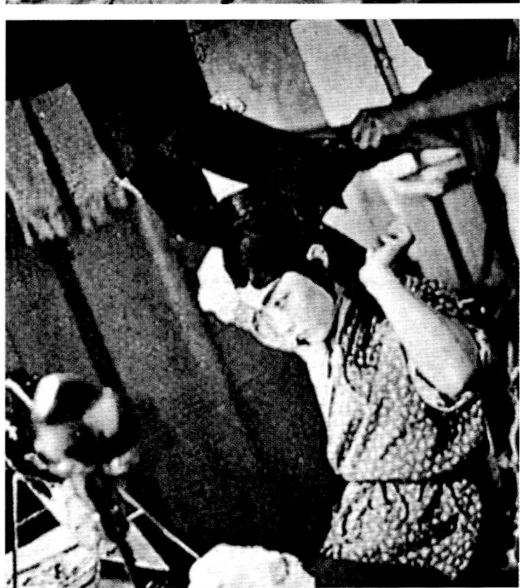

尚小雲飾鐵鏡公主在後臺化妝時所攝

Shang was putting on makeup as Princess Tiejing at the back stage.

《四郎探母》，尚小雲飾鐵鏡公主

Shang as Princess Tiejing in "Silang Visits His Mother".

1917年初，尚小雲應上海天蟾舞臺之邀，隻身赴滬演出，與時慧寶、趙君玉、小楊月樓、林樹森、蓋叫天等同臺，演出《宇宙鋒》、《彩樓配》、《落花園》、《玉堂春》等戲。上海觀衆給予初出茅廬的尚小雲以巨大熱情。尚小雲演唱數月，載譽而歸。自此至1927年的10年間尚小雲九赴上海，寫下其早期藝術生涯的重要一筆。其中，尤以1919年9月間尚小雲跟隨楊小樓，與譚小培、荀慧生（白牡丹）等在上海天蟾舞臺演出近三個月，時稱“三小一白下江南”，贏得了巨大聲譽。同時上海京劇注重排演本戲、舞臺佈景華麗、表演敢於創新的風氣也使尚小雲深受啓發。

1917年11月2日，北京《順天時報》菊選當選者披露，尚小雲膺選“童伶第一”。

天蟾舞臺禮聘最優等南北歡迎娟秀正工青衣

尚小雲

今接來電初六日到申

首次赴滬戲報（1917年1月23日《申報》）

The poster in *Shen Bao* (*Shanghai daily*) dated Jan. 23, 1917 on Shang's first tour in Shanghai.

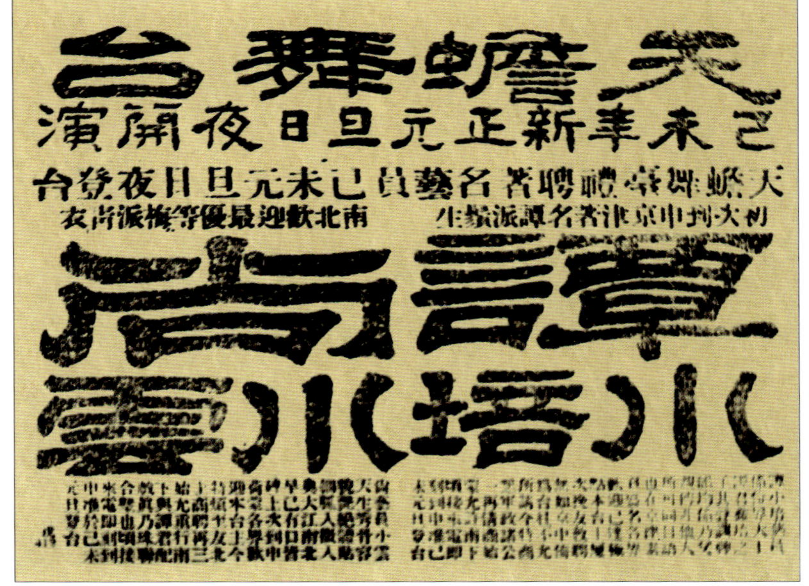

第三次赴滬戲報（1919年1月26日《申報》）

The poster in *Shen Bao* dated Jan. 26, 1919 on Shang's third tour in Shanghai.

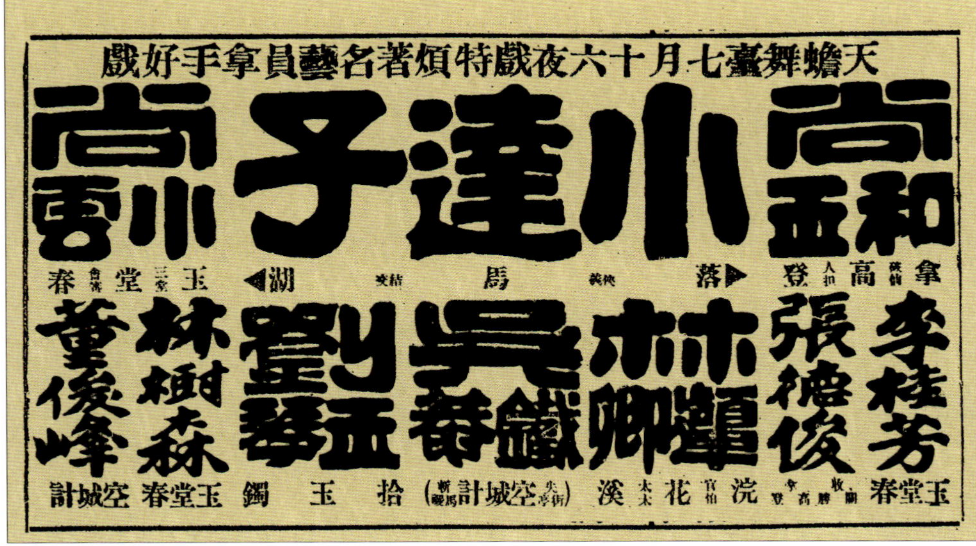

第二次赴滬戲報（1918年8月22日《申報》）

The poster in *Shen Bao* dated Aug. 22, 1918 on Shang's second tour in Shanghai.

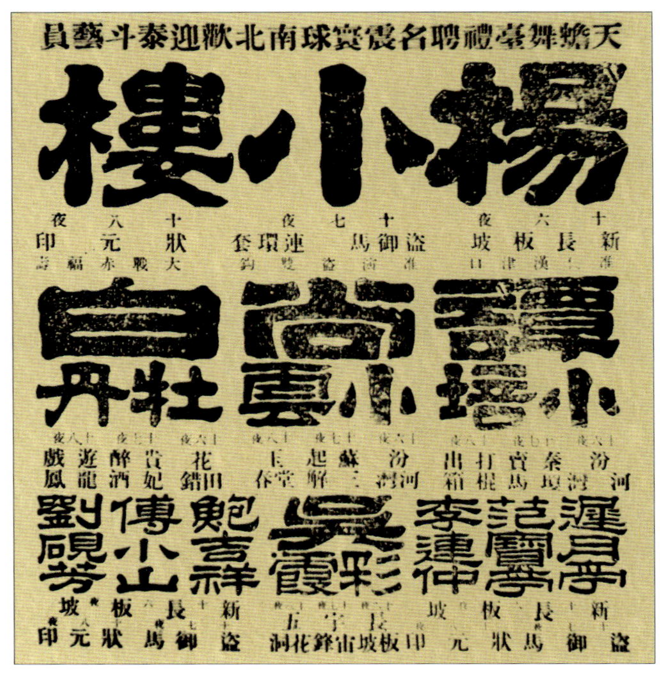

第四次赴滬戲報（1919年9月9日《申報》）

The poster in *Shen Bao* dated Sep. 9, 1919 on Shang's fourth tour in Shanghai.

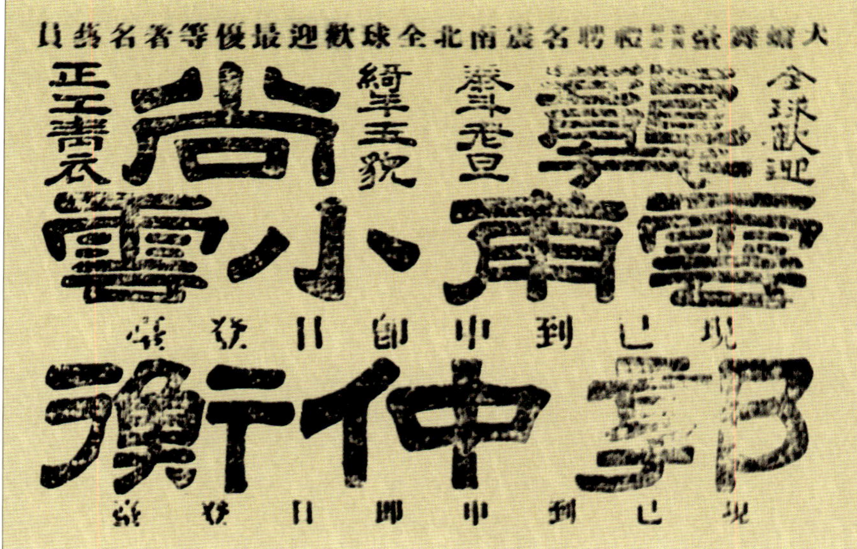

第五次赴滬戲報（1920 年 11 月 11 日《申報》）

The poster in *Shen Bao* dated Nov. 11, 1920 on Shang's fifth tour in Shanghai.

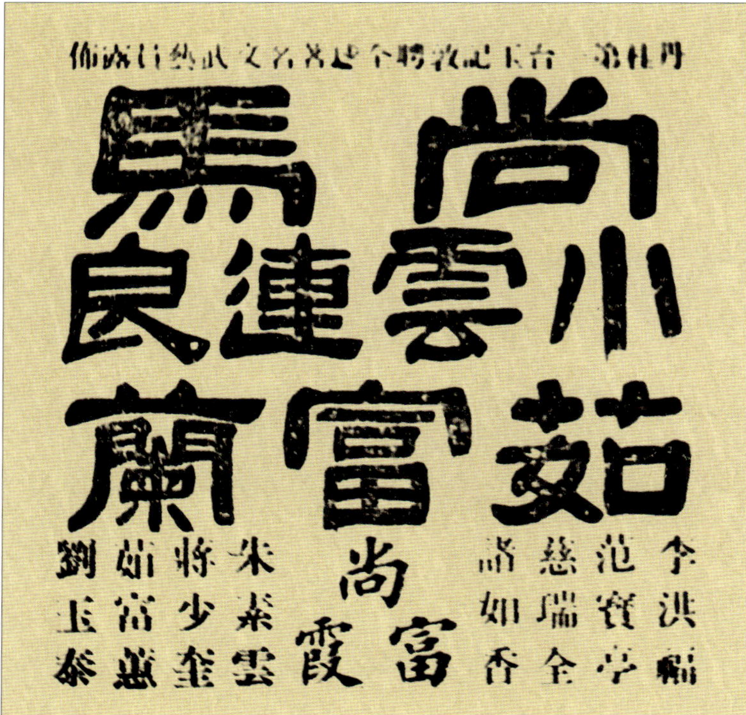

第八次赴滬戲報(1926 年 2 月 5 日《申報》)

The poster in *Shen Bao* dated Fed.5,1926 on Shang's eighth tour in Shanghai.

第六次赴滬戲報（1923 年 4 月 25 日《申報》）

The poster in *Shen Bao* dated Apr. 25, 1923 on Shang's sixth tour in Shanghai.

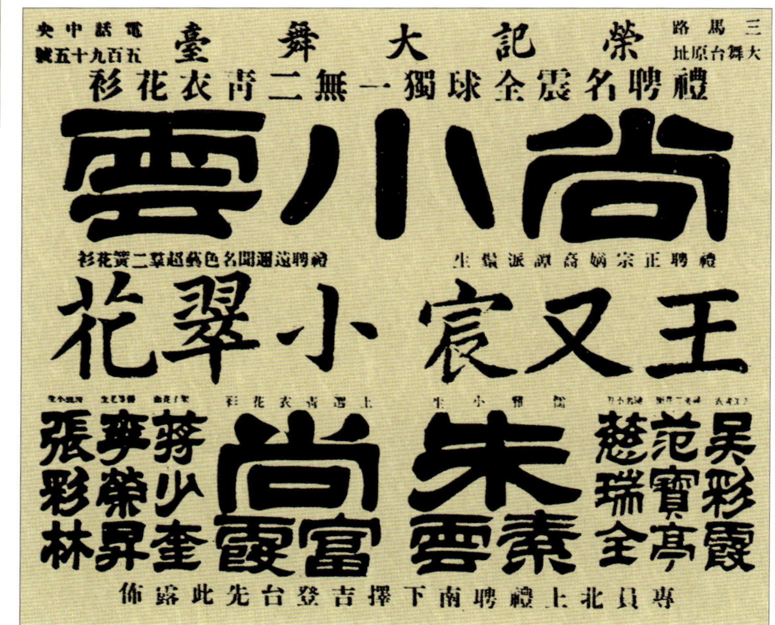

第九次赴滬戲報（1927 年 9 月 2 日《申報》）

The poster in *Shen Bao* dated Sep. 2, 1927 on Shang's ninth tour in Shanghai.

第七次赴滬戲報（1925 年 2 月 27 日《申報》）

The poster in *Shen Bao* dated Feb. 27, 1925 on Shang's seventh tour in Shanghai.

楊小樓
YANG XIAOLOU

1917年底，尚小雲搭楊小樓桐馨社，與楊小樓、王又宸、許蔭棠、龔雲甫、高慶奎等同臺。搭班首日，即爲楊小樓配《長坂坡》糜夫人，不久，又在楊小樓《招賢鎮》、《八蜡廟》中演小姐。尚小雲初與國劇宗師同臺，殊無遜色，一時大受觀衆歡迎。

1918年4月6日，尚小雲與楊小樓首演《楚漢爭》。此劇由清逸居士編寫，共四本，分兩天演完。楊小樓飾項羽，尚小雲飾虞姬。這是楊小樓演霸王之始。後來楊小樓、梅蘭芳的《霸王别姬》也參考了這個本子。由此劇的排演可以看出，尚小雲已從原來單純爲楊小樓配戲進而與楊共同主演。這固然是楊小樓提携，亦見出尚小雲的藝術進境。

1918年起，尚小雲兼搭瑞慶社。自此至1925年夏，尚小雲相繼搭福慶社、雲華社、中興社、雙慶社、成慶社、玉華社等班社，分别與周瑞安、郝壽臣、譚小培、王長林、閻嵐秋（九陣風）、龔雲甫、楊小樓、余叔岩、趙桐珊、高慶奎、貫大元、王瑶卿、于連泉（小翠花）、時慧寶、馬連良、王又宸、言菊朋等合作，在第一舞臺、三慶園、中和園等戲院演出《女起解》、《孝義節》、《虹霓關》、《一口劍》、《戰蒲關》、《祭塔》、《貴妃醉酒》、《慶頂珠》、《别宫》、《母女會》、《寶蓮燈》、《紅鬃烈馬》等戲。

楊小樓之《霸王别姬》
Yang Xiaolou in "The King's Parting with His Favourite".

《慶頂珠》，尚小雲飾蕭桂英
Shang as Xiao Guiying in "Qingding Pearl".

《别宫祭江》，尚小雲飾孫尚香
Shang as Sun Shangxiang in "A Memorial Service at the Riverside".

1925年秋，尚小雲自組協慶社，言菊朋、王又宸、于連泉、王長林、閻嵐秋、朱素雲、茹富蘭、尚富霞、范寶亭、裘桂仙等先後加入。1931年5月，協慶社易名重慶社（40年代後易名芙蓉社），同班有王又宸、譚富英、王鳳卿、李寶奎、周瑞安、趙桐珊、朱素雲、程繼先、侯喜瑞、李壽山、范寶亭、慈瑞全（泉）等，是1949年以前京劇界少數幾個經久不衰的班社之一。

協慶社時期之尚小雲
Shang in the period of Xieqing Troupe.

尚小雲與王又宸合演《南天門》，飾曹玉蓮
Shang as Cao Yulian in "The South Heaven Gate" with Wang Youchen.

《桑園會》，尚小雲飾羅敷，譚小培飾秋胡
In " The Meeting at the Mulberry Garden", Shang as Luo Fu and Tan Xiaopei as Qiu Hu.

《桑園會》，尚小雲飾羅敷

Shang as Luo Fu in "The Meeting at the Mulberry Garden".

《金山寺》，尚小雲飾小青

Shang as Xiaoqing in "Jinshan Temple".

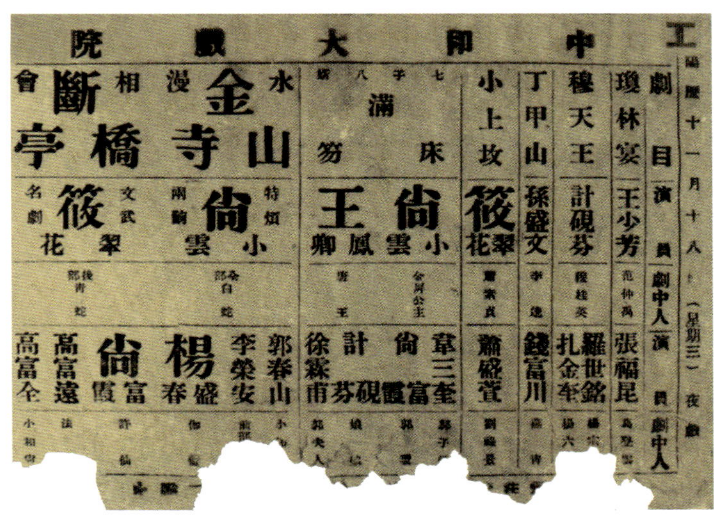

中和大戲院

陽曆十一月十八日（星期三）夜戲

劇目	演員	劇中人	演員	劇中人
瓊林宴	王少芳	范仲禹	張福昆	烏登雲
穆天王	計硯芬	穆桂英	羅世銘 扎金奎	楊宗保 楊六郎
丁甲山	孫盛文	李逵	錢富川	燕青
小上墳	筱翠花	蕭素貞	蕭盛萱	劉祿景
七子八婿 滿床笏	尚小雲 王鳳卿	金屏公主 郭子儀	韋三奎 尚富霞 計硯芬 徐霖甫	郭子儀 郭曖 娘娘 郭夫人
特煩兩齣文武名劇 水漫金山寺 相會斷橋亭	尚小雲 筱翠花	白蛇 青蛇	郭春山 李榮安 楊盛春 尚富霞 高富遠 高富全	小沙彌 南極仙翁 伽藍 許仙 法海 小和尚

1925 年 11 月 8 日尚小雲與王鳳卿、于連泉（小翠花）在中和戲院演出的戲單

The program of Shang with Wang Fengqing and Yu Lianquan in Zhonghe Theatre on Nov. 8, 1925.

尚小雲與楊寶忠合演《南天門》，飾曹玉蓮
Shang as Cao Yulian in "The South Heaven Gate" with Yang Baozhong.

尚小雲在中和園演《桑園會》，於後臺留影
A photo of Shang taken backstage during his performance of "The Meeting at the Mulberry Garden" in Zhonghe Theatre.

《青石山》，尚小雲飾九尾狐，貫大元飾關平
In " Mount Qingshi" , Shang as Jiuweihu and Guan Dayuan as Guan Ping.

1918年前後，尚小雲的忠實觀衆已然形成組織，一時“醉雲社”、“聽雲集”等名目的團體竟至於名滿北京。1918年，前清遺老疏盦主人組織“尚友社”，社員幾達千人。多年的藝術經歷，使尚小雲在觀衆中留下了巨大的影響。

1919年，尚小雲(右二)與程子餘（右四)、趙硯奎(右三)等場面先生合影

A photo of Shang (right 2nd) taken in 1919 with Cheng Ziyu (right 4th), Zhao Yankui (right 3rd) and other musicians.

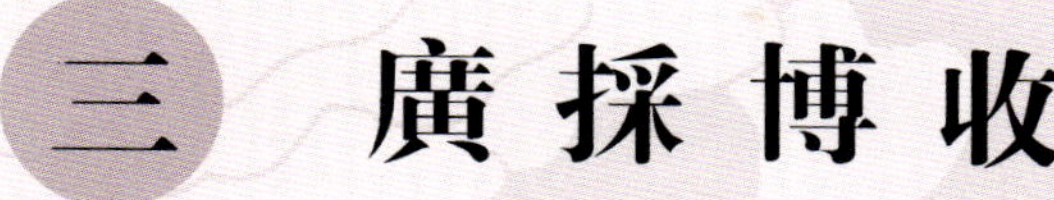

三 廣採博收

Ⅲ. Extensive Learning

20世紀20年代的尚小雲

Shang in the 1920s.

喬蕙蘭
QIAO HUILAN

尚小雲出科後，一面搭班演戲，同時尋訪名師，以求進一步深造。首先，正式拜青衣名家孫怡雲、張芷荃爲師。進而於搭班同時，遍求同臺名家前輩，虛心請益。他從路三寶、吴菱仙、李寶琴、王瑶卿等學皮黄旦角戲，拜名丑陸金桂爲師學崑曲。其崑曲後來更得益於喬蕙蘭、朱素雲及李壽山。

李壽山
LI SHOUSHAN

李寶琴戲裝像
A painting of Li Baoqin in stage costume.

《二進宫》，尚小雲飾李艷妃(右)，李金山飾徐延昭(中)，王又宸飾楊波(左)
In "Entering the Court Twice", Shang as Li Yanfei (right), Li Jinshan as Xu Yanzhao (middle) and Wang Youchen as Yang Bo (left).

孫怡雲是尚小雲坐科時期的老師，出科以後，又一直爲他操琴。尚小雲正式拜其爲師以後，對《彩樓配》、《三擊掌》、《落花園》、《玉堂春》等戲進行了加工。

張芷荃以《孝感天》、《二進宫》、《祭塔》、《祭江》等戲相授，尤以《回龍閣》代戰公主一角最爲拿手。代戰一角，須文武兼擅，如《趕三關》、《銀空山》例須紥靠開打，而《招親》、《登殿》則重唱工及京白，不僅唱念不遜正工青衣，做打亦須有刀馬旦底子，很不容易對付。尚小雲從張芷荃學，盡得其真傳。後尚小雲演全部《紅鬃烈馬》，或一人飾代戰到底，或前飾寶釧、後演代戰，即以張芷荃所授、參以王瑶卿的路子改編而成。

1928 年 1 月 13 日(舊曆丁卯年十二月二十一日)，第一舞臺義務戲。壓軸是在京名伶會演之《紅鬃烈馬》。這是其中“大登殿”一場劇照。楊小樓飾薛平貴（右三），梅蘭芳飾王寶釧（左一），尚小雲飾代戰公主（左四），李多奎飾王夫人（左二）

The voluntary performance in the First Stage Theatre on Jan. 13, 1928, in which the most brilliant piece was "Red-haired Savage Horse". This is a scene from the part "Coming to the Throne" in which Yang Xiaolou as Xue Pinggui (right 3rd), Mei Lanfang as Wang Baochuan (left 1st), Shang as Princess Daizhan (left fourth) and Li Duokui as Madame Wang (left 2nd).

1944 年尚小雲在北平演出《紅鬃烈馬》劇照。尚小雲飾代戰公主，譚富英飾薛平貴

In "Red-haired Savage Horse", Shang as Princess Daizhan and Tan Fuying as Xue Pinggui in Beijing in 1944.

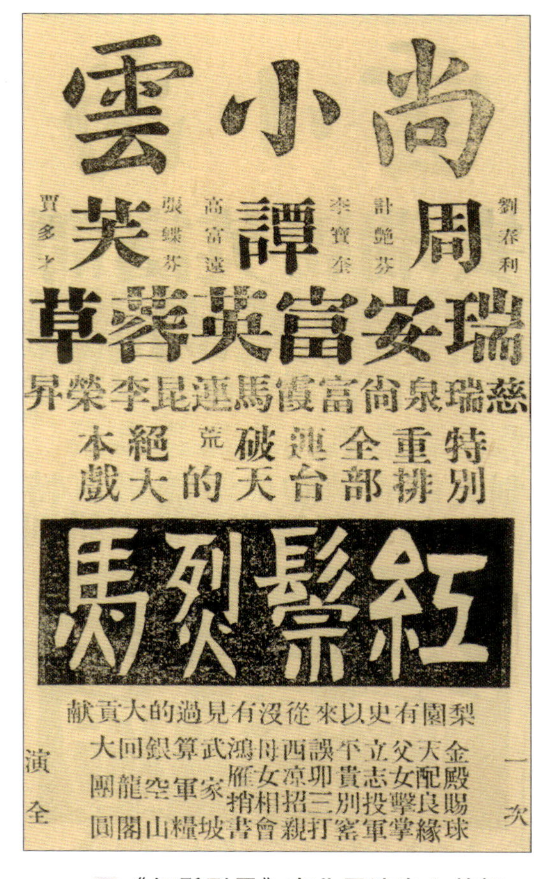

《紅鬃烈馬》在北平演出之戲報

The poster of " Red-haired Savage Horse" in Beijing.

《貴妃醉酒》是尚小雲早年常演劇目

"The Drunken Beauty", a frequently played piece by Shang in his early years.

路三寶劇照
Lu Sanbao's stage photo .

尚小雲初搭春合，繼搭廣興園，與路三寶同班。尚小雲不僅與之合演《虹霓關》，並從其學《貴妃醉酒》、《遊龍戲鳳》等戲。路三寶爲名花旦，兼閨門旦、玩笑旦、刀馬旦，與田桂鳳等齊名，民國初有"近二十年來花旦界中第一流人物"之譽。《貴妃醉酒》、《遊龍戲鳳》爲其拿手傑作。

《貴妃醉酒》一劇，原歸刀馬旦應工，因其身段舞蹈繁重，非腰腿有堅實武功底子者不能勝任。路三寶此劇，非但功夫扎實，且做派細膩，爲當時各派演此劇者之翹楚。尚小雲長於武功，學此劇正是當行，加以路三寶教法細致，所學極爲可觀。

吴菱仙是時小福的弟子，也是梅蘭芳的蒙師。他爲尚小雲傳授了許多時小福一派的青衣戲，如《回荆州》、《探寒窑》、《宇宙鋒》、《慶頂珠》、《審頭刺湯》等。

王瑶卿爲近代京劇革新的重要人物，是京劇花衫行奠基人。尚小雲在京劇整體表演理解以及個人風格建立上，從王瑶卿處得到了巨大教益，奠定了其一生藝術成就的基礎。王瑶卿對尚小雲的行腔吐字、做工身段諸方面幫助很大，使他在表演技巧上有了新的突破。在與王瑶卿同臺的經歷中，尚小雲學到了《乾坤福壽鏡》、《紅鬃烈馬》、《梅玉配》等戲，更體會到了京劇表演的精神實質。

吴菱仙
WU LINGXIAN

《十三妹》，王瑶卿飾何玉鳳
Wang Yaoqing as He Yufeng in "The Thirteenth Sister".

王瑶卿
WANG YAOQING

1923 年，尚小雲與王瑤卿、馬連良等在上海亦舞臺演出《乾坤福壽鏡》，尚小雲飾壽春，王瑤卿飾胡氏。這是演出結束後謝幕時所攝(左起：孫硯亭〈小鳳凰〉、于蓮仙〈小荷花〉、尚小雲、孫甫亭、楊瑞亭、馬連良、王瑤卿、朱素雲)

In 1923 in Shanghai, Shang and Wang Yaoqing, Ma Lianliang and some other artists performed "Qiankun Mirror" in which Shang played the role of Shouchun, and Wang Yaoqing as Hu Shi. This is a photo of answering the curtain call at the end of the performance.

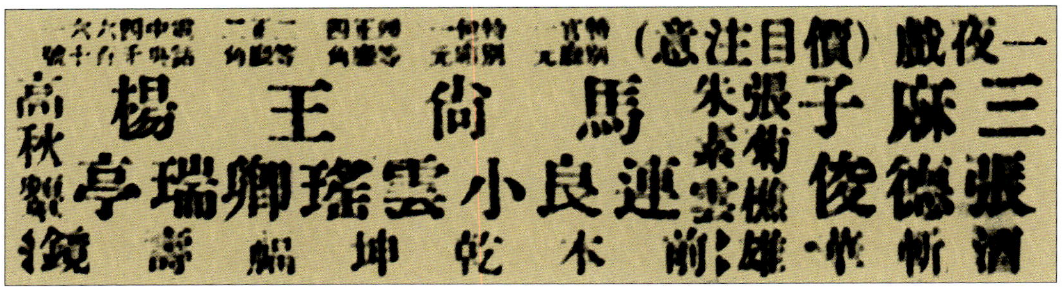

《乾坤福壽鏡》在滬演出之戲報

The poster of "Qiankun Mirror" in Shanghai.

尚小雲對楊小樓的藝術十分痴迷，其武戲把子招數分明、穩健快捷的特點，即得益於楊。

在長時間與楊小樓的合作中，尚小雲備受教益。1936年，楊小樓與尚小雲合排《湘江會》，楊的吴起，尚飾無鹽。演出前尚小雲向楊小樓請教這齣戲的快槍打法，楊告以此戲不打快槍，打一套"大掃琉璃燈"，顯得大氣。尚因此得以學會這一套把子。楊小樓這種一絲不苟的作風對尚小雲日後形成自己的風格有着極其深刻的影響。

"青衣泰斗"陳德霖是旦行劃時代的人物。他的演唱打破了青衣一行單純講究清醇剛健的傳統，在剛健中輔以婀娜。自陳德霖以後，旦行皆以其演唱風格爲青衣演唱的正宗。尚小雲從陳的演唱中受到極大啓發。在與陳德霖同臺的時候，尚小雲即對陳的唱深加揣摩，在自己的演唱中也糅進了嬌婉之音，形成新的風格。終尚小雲一生，其演唱一直没有脱離陳德霖開創的青衣正宗的規範。事實上，尚小雲的唱法已經成爲京劇中後期傳統青衣演唱規範的典型。

與名家同臺，尚小雲親身感受到前輩精益求精的敬業精神，懂得了從劇中人物、戲情戲理出發豐富自己的表演技藝，同時亦把不斷進取、提携後進的梨園精神銘記在心，成爲貫穿一生藝術實踐的精神指南。

尚小雲之《穆柯寨》。從執槍的姿勢和側身擰腰的勁頭，可以看出楊小樓的影響

Shang in "Mu's Village Fortress". From his posture and movement we can find Yang Xiaolou's influence.

《四郎探母》，陳德霖飾蕭太后

In "Silang Visits His Mother" , Chen Delin as Queen Dowager Xiao.

《四郎探母》，尚小雲飾蕭太后

In "Silang Visits His Mother", Shang as Queen Dowager Xiao.

四　璀璨繽紛

Ⅳ. Sparkling of the Star

20世紀20年代末的尚小雲

Shang at the end of the 1920s.

尚小雲雙像，攝於 20 世紀 20 年代。係用攝影技術合成，是當時頗爲時髦的游戲之作

Shang's montage taken in the 1920s, a game work in fashion at the time.

齊如山（左二）與尚小雲、梅蘭芳（左三）、程艷秋（左一）合影

Qi Rushan (left 2nd), Mei Lanfang (left 3rd), Shang and Cheng Yanqiu (left 1st).

京劇在鼎盛時期，其表演框範臻於穩定，無論就藝術表現的範圍、内容以及手段而言，都較以往有着巨大突破。此種突破，基於兩個條件，一是存在一個人才群體；二是有一大批符合這一表演框範的劇目。

京劇人才培養，一直不絶如縷。而劇目建設，則歷經幾個階段。清廷覆亡以後十餘年，北京京劇新戲編演近乎停滯。至20世紀20年代，新劇方次第出現於舞臺。不久即蔚然以成風氣。其間，旦行繼生行而興盛，爲新劇編演之主要契機。諸名旦間争奇鬥艷，争相搬演新劇，一時京劇舞臺如火如荼。尚小雲厠身其間，自不甘居人後。清廷覆亡，伶人地位有所提高。而一般與前朝關係密切之遺民，則别具一種懷抱。新文化人中，亦有以西洋戲劇爲參照、不以戲曲爲小道而不齒者。因而名伶與文化人關係頗有進步。諸名伶一般都有文人匯聚身邊，以備顧問。一些文化人并親操筆墨，爲名伶編撰劇本、撰寫評論。此種合作，提高了伶人與劇本的文化品位，使京劇藝術自覺融入了更多的文化内涵。

1923年，尚小雲搭俞振庭雙慶社，爲頭牌旦角。同年底，尚小雲在廣德樓上演了後來名聞遐邇的代表作《紅綃》(一度名《青門盜綃》、《崑崙劍俠傳》)，此爲尚小雲編演新劇之始。合作者有馬連良、朱素雲等人。尚小雲一生所編演的新劇，共30餘齣，加上改編自舊劇的新戲，則有50餘齣之多，爲同時北京名旦之冠。

《紅綃》一劇本事出唐段成式小説《劍俠傳》，爲唐傳奇名作。叙郭子儀府中歌姬紅綃與博陵名士崔芸一見鍾情，因崔芸僕崑崙奴之助，終於得諧良緣事，極富傳奇色彩。明梅鼎祚《崑崙奴》雜劇、無名氏《雙紅記》傳奇均演此事。尚小雲此劇以唱工爲主，其中與崔芸約會、深宵苦等一場，有大段南梆子唱腔，别饒意趣。

《紅綃》由洵疏厂編劇。1949年以前數十年間，雲邊人物尚有清逸居士（愛新覺羅・溥緒，遜清莊恪親王之後）、還珠樓主（李壽民）等人。齊如山、莊藴寬、陳墨香等亦曾爲尚小雲編劇。20世紀30年代以後，尚小雲嘗試自編劇本，如《前度劉郎》等。

清逸居士(左)與方連元之《虹霓關》

Qingyi the Lay Buddhist (left) and Fang Lianyuan in "Rainbow Pass".

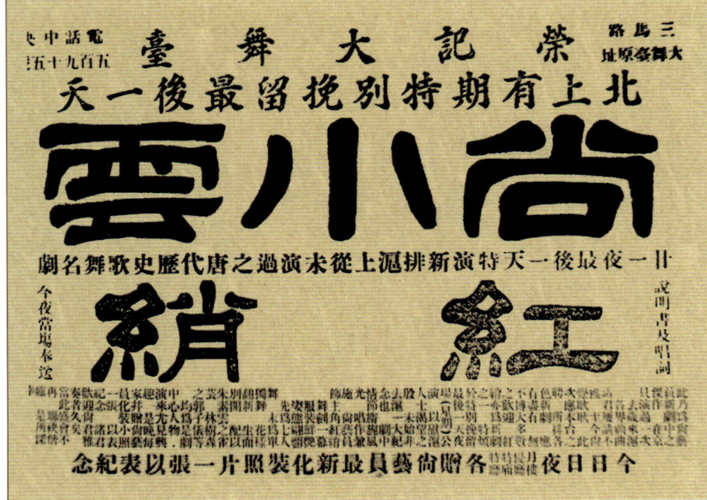

《紅綃》在滬演出之戲報

The poster of "Hongxiao" in Shanghai.

還珠樓主（李壽民）

LI SHOUMIN

1924 年 5 月 15 日，尚小雲與朱素雲、孫毓堃等在廣德樓上演了新劇《秦良玉》。此劇寫明末女將秦良玉故事。由清逸居士根據乾隆間董榕所撰《芝龕記》傳奇改編。

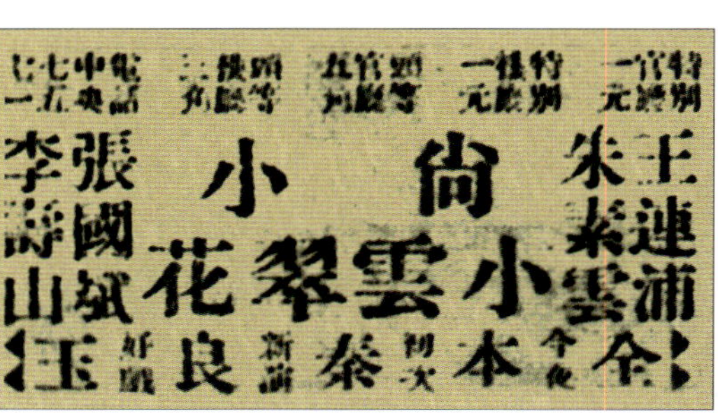

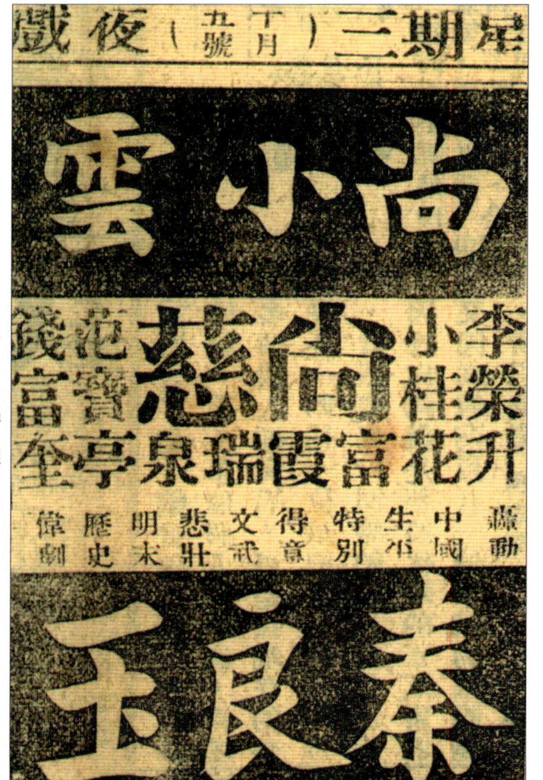

《秦良玉》在上海、北平演出之戲報

The posters of "Qin Liangyu" in Shanghai and Beijing.

《秦良玉》，尚小雲飾秦良玉

Shang as Qin Liangyu in "Qin Liangyu".

1924年10月19日，尚小雲與王又宸、于連泉、李萬春等在廣德樓初演《五龍祚》。此劇又名《李三娘》，清逸居士據南戲《劉知遠白兔記》改編。

《五龍祚》，尚小雲飾李三娘

Shang as Li Sanniang in "Li Sanniang".

《五龍祚·竇公送子》，尚小雲飾李三娘

Shang as Li Sanniang in the part "Dougong Escorts Li's Son" from "Li Sanniang".

《林四娘》在滬演出之戲報

The poster of "Lin Siniang" in Shanghai.

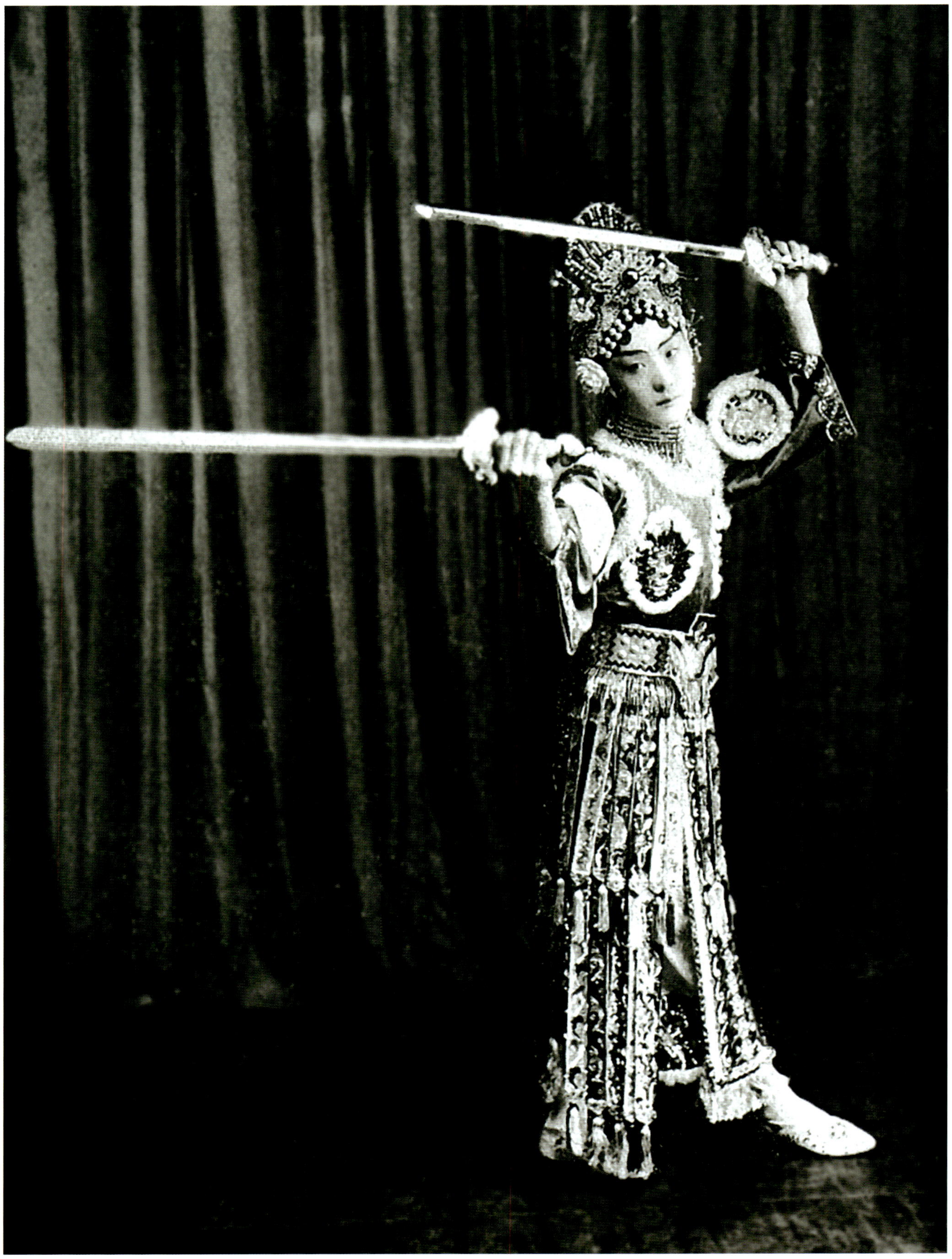

1925年9月12日，尚小雲在中和園日場首演《林四娘》，合作者爲言菊朋、侯喜瑞、范寶亭、王長林、慈瑞全、馬富禄、王連浦等。此劇一名《姽婳將軍》，敘明林兆夢之女林四娘因其父遭人陷害，自願入恒王府爲奴，替父伸冤。恒王憐其至孝，納爲妃。後恒王被家臣出賣，爲匪人所害。林四娘乃率女兵，力擒仇人，於靈前祭奠。清逸居士據清楊恩壽《姽婳封》傳奇改編。《紅樓夢》第七十八回有林四娘事迹詳述。尚小雲飾林四娘，有劍舞一段，頗受好評。

《林四娘》，尚小雲飾林四娘

Shang as Lin Siniang in "Lin Siniang".

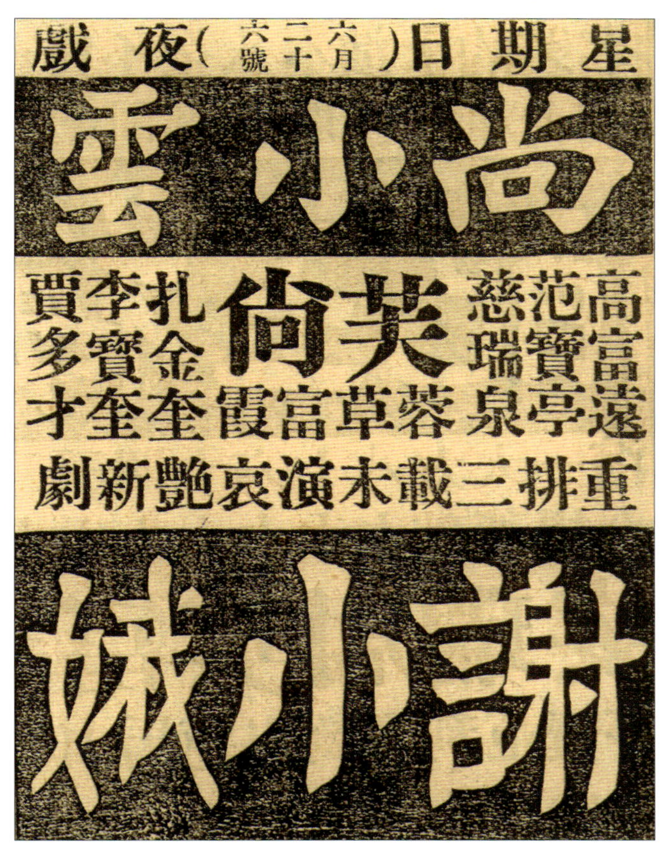

《謝小娥》在北平演出之戲報

The poster of "Xie Xiao'e" in Beijing.

《謝小娥》（初名《貞女殲仇》）是尚小雲於1925年10月9日在三慶園上演的一齣新戲。合作者有朱素雲、蔣少奎、馬富禄、尚富霞等。清逸居士編劇，本事出唐李公佐《謝小娥》傳奇及明凌濛初《初刻拍案驚奇·謝小娥智擒船上盗》。尚小雲飾謝小娥，塑造了機智剛毅的少女形象。

《謝小娥》在滬演出之戲報

The poster of "Xie Xiao'e" in Shanghai.

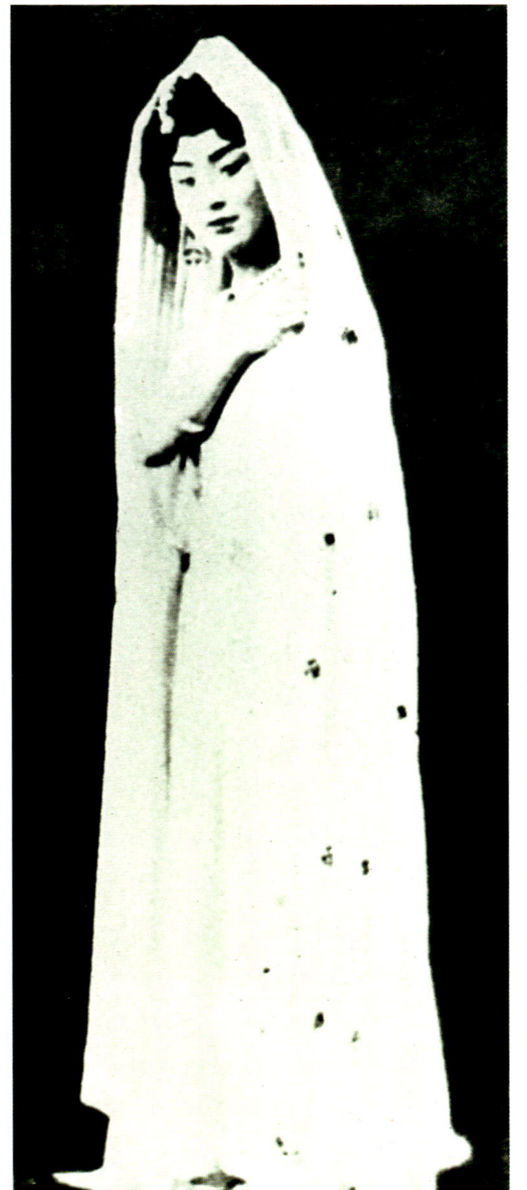

《摩登伽女》，尚小雲飾鉢吉蒂

Shang as Boksidhi in "Maiden of Madengha".

《摩登伽女》是尚小雲的名劇，1927年元月16日首演於新明戲院。此劇故事出於印度佛教傳說。古印度旃荼羅種姓少女鉢吉蒂遇佛門弟子阿難，因生愛慕，執意請求母親以法術攝阿難到家，欲與成親。佛祖派文殊菩薩救出阿難。鉢吉蒂追至靈山，願與阿難同生死。佛爲説姻緣大事，鉢吉蒂乃皈依佛法。“摩登伽”爲梵文，意爲“惡作業”，因旃荼羅種姓低微，只能“以拂市爲業，用供衣食”。由清逸居士編劇。尚小雲飾鉢吉蒂。最後一場，鉢吉蒂素紈長裙，翩躚起舞。伴奏的舞曲由文明新戲創始人之一朱旭東據《英格蘭女兒曲》改編，楊寶忠、吴晨興以小提琴和鋼琴伴奏。輔以茹富蘭的阿難。演出以後，轟動一時。此劇的上演是京劇表演外國故事的一個嘗試，開前人未開之先河。

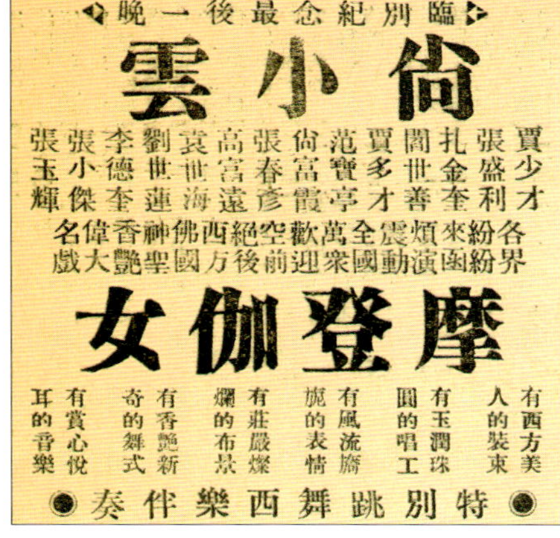

《摩登伽女》在滬演出之戲報

The poster of "Maiden of Madengha" in Shanghai.

《摩登伽女》在北平演出之戲單

The poster of "Maiden of Madengha" in Beijing.

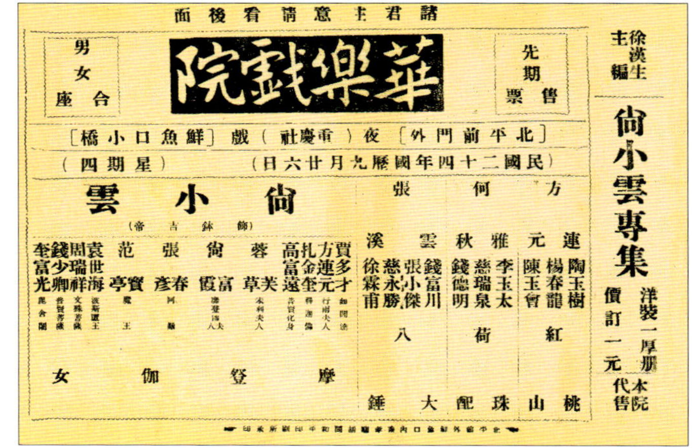

尚小雲在《摩登伽女》中飾鉢吉蒂
Shang as Boksidhi in "Maiden of Madengha".

《婕妤當熊》，尚小雲飾馮婕妤
Shang as Jieyu in "Jieyu Saves the Emperor from a Bear".

《婕妤當熊》，1928年2月4日尚小雲首演於開明戲院。此劇由清逸居士編劇，尚小雲飾馮婕妤，尚富霞飾漢元帝，于連泉飾昭儀。此戲唱腔新穎別致。劇中安排一段舞劍，載歌載舞，唱工圓穩，步履輕健，“當熊”一場，演來有英武氣。

《千金全德》，1928年7月28日尚小雲與周瑞安、尚富霞等首演於中和戲院。清逸居士據明王稺登《全德記》傳奇改編。尚小雲飾高桂英。此劇遵閨門旦及青衣路子，唱腔均依規矩。全劇唱功繁重，尚小雲於一絲不苟中勝任愉快。

尚小雲在《千金全德》中飾高桂英，這是在後臺所攝

Shang as Gao Guiying in "The Marriage of Gao Guiying and Shi Shouxin" (*Qian Jin Quan De*). The photos were taken backstage.

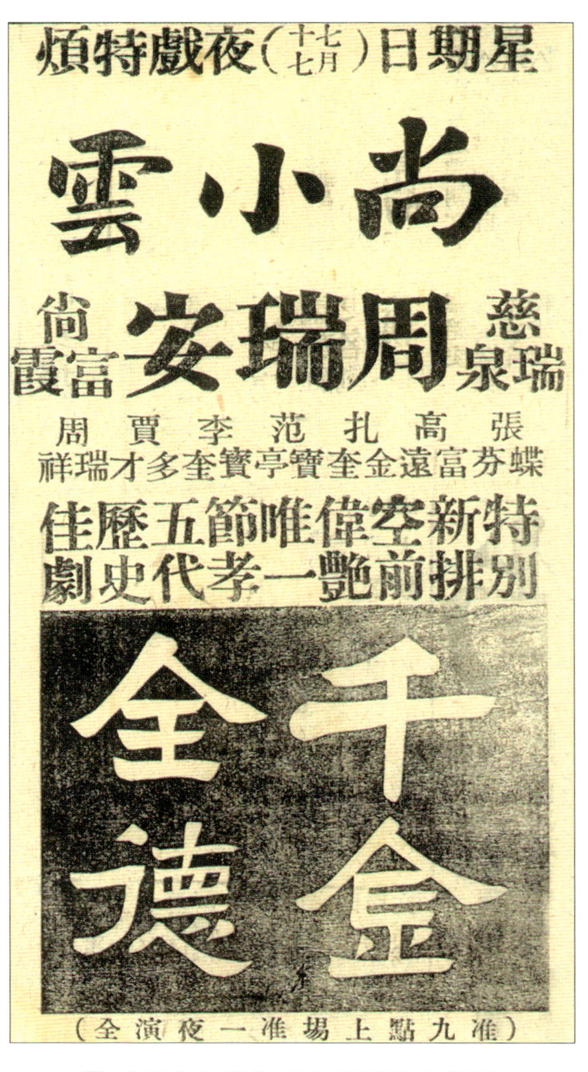

《千金全德》在北平演出之戲報

The poster of " The Marriage of Gao Guiying and Shi Shouxin" in Beijing.

■《卓文君》，尚小雲飾卓文君
Shang as Zhuo Wenjun in "Zhuo Wenjun".

1929 年元月 19 日，尚小雲於中和戲院首演《卓文君》。此劇由清逸居士據清黄燮清之《茂陵弦》(一名《當壚艷》)改編。尚小雲飾卓文君，合作者有楊寶忠、李榮昇等。

《卓文君》，尚小雲飾卓文君，尚富霞飾司馬相如

In "Zhuo Wenjun", Shang as Zhuo Wenjun and Shang Fuxia as Sima Xiangru.

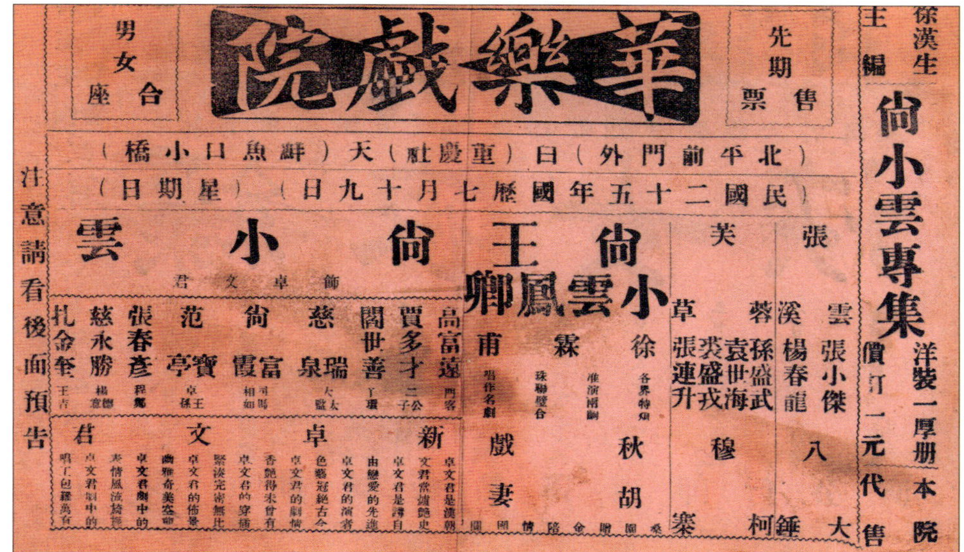

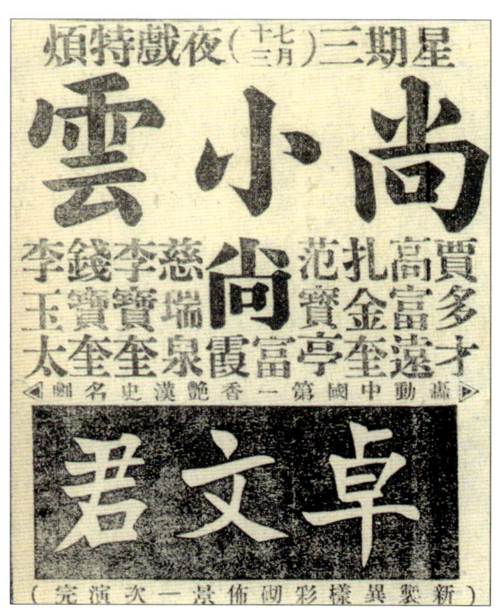

《卓文君》在北平演出之戲報和戲單

The poster and program of "Zhuo Wenjun" in Beijing.

《珍珠扇》，清逸居士據同名鼓詞改編，1929年6月19日首演於中和戲院。尚小雲飾任月英。張春彥、慈瑞全、計艷芬（小桂花）、尚富霞等參演。該劇情節曲折。其中船上“梳妝”一場借月照鏡、且梳且歌的表演，大受好評。此劇有任月英喬裝避禍的情節，尚小雲以小生串演喬裝後的任月英，演來出色當行，不輸其本工旦角。後人因而將此劇與梅蘭芳《木蘭從軍》、程艷秋《賺文娟》、荀慧生《荀灌娘》並列，爲“四大名旦”的喬裝戲之一。

《珍珠扇》，尚小雲飾任月英

Shang as Ren Yueying in "The Pearl Fan".

尚小雲在後臺化妝

Shang was putting on makeup backstage.

20世紀20年代末的尚小雲

Shang at the end of 1920s.

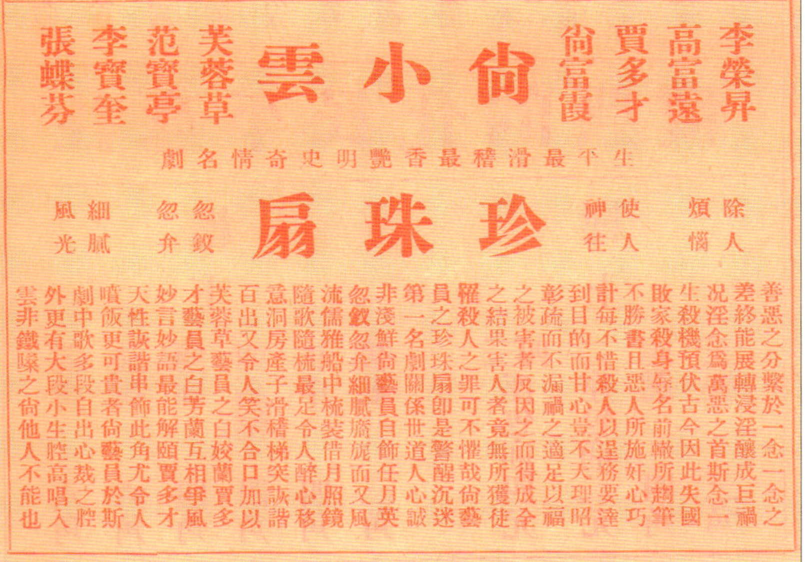

李榮昇
高富遠
賈多才
尙富霞
尙小雲
芙蓉草
范寶亭
李寶奎
張蝶芬
生平最滑稽最香艷明史奇情名劇
除人煩惱
使人神往
珍珠扇
忽釵忽弁
細膩風光
善惡之分繫於一念一念之差終能展轉浸淫釀成巨禍況淫念爲萬惡之首斯念一生殺機預伏古今因此失國敗家殺身辱名前轍所趨筆不勝書且惡人所施奸心巧計每不惜殺人以逞務要達到目的而甘心豈不天理昭彰疏而不漏禍之適足以福之被害者反因之而得成全之結果害人者竟無所獲徒羅殺人之罪可不懼哉尙藝員之珍珠扇即是警醒沉迷第一名劇關係世道人心誠非淺鮮尙藝員自飾任月英忽釵忽弁細膩旖旎而又風流儒雅船中梳裝借月照鏡隨歌隨梳最足令人醉心移意洞房產子滑稽梯突詼諧百出又令人笑不合口加以芙蓉草藝員之白姣蘭買多才藝員之白芳蘭互相爭風妙言妙語最能解頤買多才天性詼諧串飾此角尤令人噴飯更可貴者尙藝員於斯劇中歌多段自出心裁之腔外更有大段小生腔高唱入雲非鐵嗓之尙他人不能也

《珍珠扇》戲報

The poster of "The Pearl Fan".

《峨嵋劍》，1929 年 10 月 10 日尚小雲首演於中和戲院，于連泉、朱素雲、張春彥、馬富禄等參演。此劇由清逸居士編劇，本事出清王韜《淞隱漫録》所載《劍仙聶碧雲》。尚小雲飾聶碧雲，唱腔糅入崑曲，婉轉優美。當時有評論稱：“唱腔新穎，崑亂兼備，服裝奇特，琳琅璀璨，幻術佈景，借用物色電光，令觀者置身龍宮天闕。”20 世紀 30 年代後期，尚小雲曾以此劇招待海外友人。

《峨嵋劍》，尚小雲飾聶碧雲

Shang as Nie Biyun in " E'mei Sword".

1930年1月14日，尚小雲在中和戲院首次演出《詹淑娟》。此劇據明傳奇《風箏誤》擴展改編而成，前部皮黄，後部崑曲；前部重唱，後部重舞；觀賞性、藝術性較前有了很大提高。

《詹淑娟》，尚小雲飾詹淑娟

Shang as Zhan Shujuan in "Zhan Shujuan".

《詹淑娟》在北平演出之戲報

The poster of "Zhan Shujuan" in Beijing.

尚小雲、李世芳《詹淑娟》劇照

Stage photo of Shang and Li Shifang in "Zhan Shujuan".

1931年2月3日首演於華樂戲院的《相思寨》(一名《雲彈娘》),是尚小雲又一影響巨大的代表作。由清逸居士據明代鄺露《赤雅》所記故事編劇,演廣西獨秀山相思寨土司雲英之女彈娘,傾慕中原文化,協助朝廷擒獲殘害百姓的蠻溪洞土司岑猛的故事。尚小雲飾雲彈娘。首演合作者有尚富霞、閻嵐秋、慈瑞全、范寶亭等。此劇以少數民族人物爲主角,全以少數民族風情爲背景,在京劇演出史上創一先例。

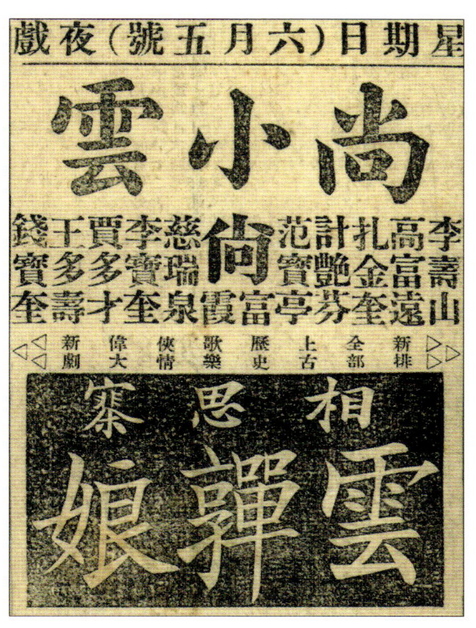

《相思寨》在北平演出之戲報

The poster of "Xiangsi Village" in Beijing.

《相思寨》,尚小雲飾雲彈娘

Shang as Maiden Yunduo in "Xiangsi Village".

1931年9月26日，尚小雲在吉祥戲院與王又宸、侯喜瑞、尚富霞、閻嵐秋、俞步蘭等首演《花蕊夫人》。該劇演後蜀孟昶妃花蕊夫人因亡國隨孟入宋。孟薨，花蕊夫人被宋太祖納爲妃。因思念孟昶，設計誘太祖射獵，欲以暗箭圖之。太宗識破其謀，引箭射之，花蕊夫人中箭，痛斥太祖後殉節。此劇本事見於《情史》。尚小雲飾花蕊夫人。全劇歌舞俱長，場面華麗，佈景輝煌。

《花蕊夫人》，尚小雲飾花蕊夫人

Shang as Madame Huarui in "Madame Huarui".

尚小雲

高富遠 李寶奎 計艷芬 范寶亭 芙蓉草

尚富霞 李榮昇 張蝶芬 賈多才 錢寶奎

新排後蜀宮闈香豔哀情歷史偉壯名劇

宮殿 樓台 蓮池 園塲

花蕊夫人

幻術 機關 奇麗 佈景

忠貞節烈爲千古婦女界造下光明典型 紅粉飄零爲千古帝王家寫出宮闈秘史 新歌新舞爲梨園第一部拔萃超羣傑作 布景偉麗爲舞台第一部堆金砌錦奇觀

尚藝員小雲主演花蕊夫人新劇係演宋太祖納後蜀花蕊故事情節極爲哀感頑艷就中尤以池宴賞荷邊警獻策受降私祭射獵爲最緊重而最精彩況斯劇之歌唱工極多均爲尚藝員獨創新腔無腔不新無美不備極盡悠揚婉妙之能事斯劇之舞有如驚鴻入座蛺蝶穿花姿態蹁躚音節清越更有陪舞者十餘人加以名家所繪之摩訶池宮殿園塲等偉麗機關佈景輝煌富麗令人直入瑤宮恍登仙境人謂花蕊夫人爲梨園第一部超羣拔萃舞臺偉有的新劇亦是尚藝員梨園新萬古不朽的大成功尚祈各界早臨

《花蕊夫人》戲報

The poster of "Madame Huarui".

《花蕊夫人》，尚小雲飾花蕊夫人，尚富霞飾孟昶

Shang as Madame Huarui and Shang Fuxia as Meng Chang in "Madame Huarui".

《花蕊夫人》，尚小雲(後排中)飾花蕊夫人

Shang (middle of the back) as Madame Huarui in "Madame Huarui".

《白羅衫》，尚小雲飾蘇姜氏

Shang as Mrs. Su, nee Jiang in "A Pair of White Gauze Shirts".

《白羅衫》，清逸居士據明劉方《白羅衫》傳奇改編。1932年元月26日首演於開明戲院。尚小雲飾蘇姜氏，尚富霞、范寶亭、慈瑞全、扎金奎等參演。此劇旦角唱詞70餘段，尚小雲一氣歌來，嗓音居然越唱越亮，致有"高亢圓潤、穿雲裂石"之譽。

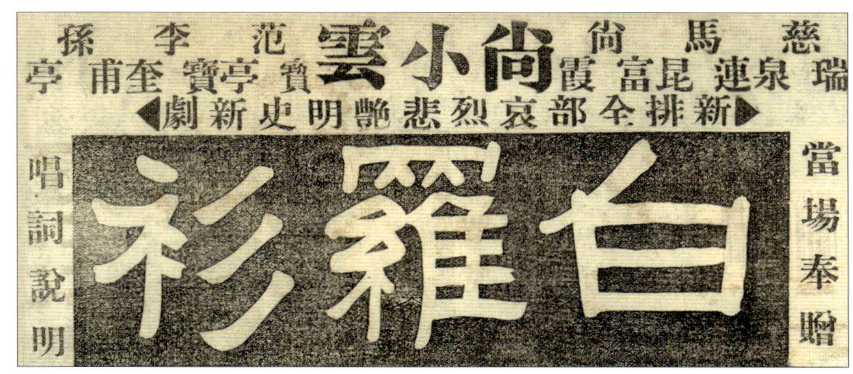

《白羅衫》在北平演出之戲報

The poster of " A Pair of White Gauze Shirts" in Beijing.

《前度劉郎》，1932年6月8日首演於吉祥戲院。首演合作者爲尚富霞、慈瑞全、計艷芬、高富遠、賈多才、范寶亭、李寶奎等。尚小雲據紀曉嵐《閱微草堂筆記》所載故事自編劇目。爲清末40餘年間劇界人編劇之第一次。還珠樓主評此劇謂"詞句雅潔，情節緊凑，審音佈局，絲毫不苟"。尚小雲飾劇中李淡梅。

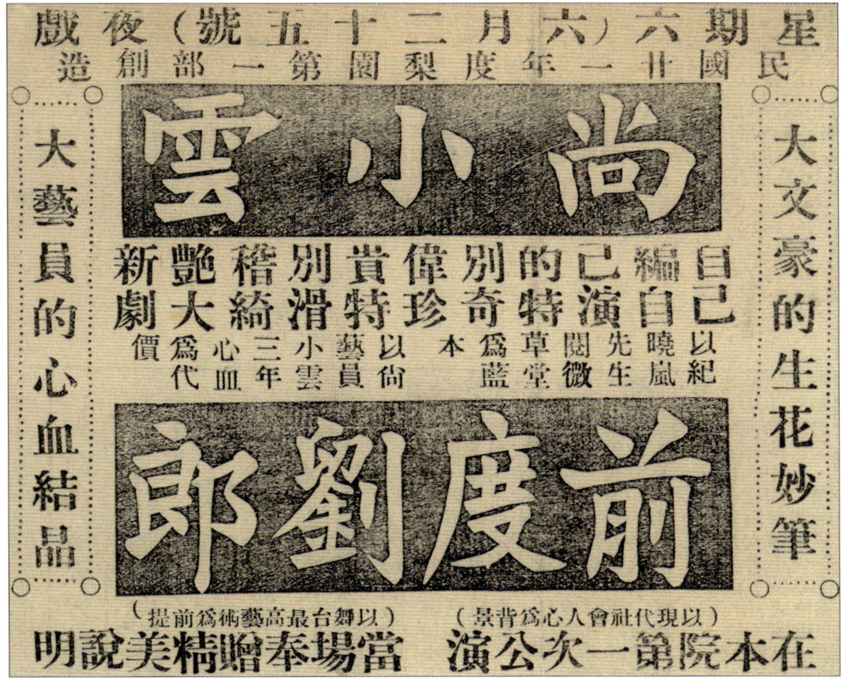

《前度劉郎》在北平演出之戲報

The poster of "The Marriage of Danmei" (*Qian Du Liu Lang*) in Beijing.

20世紀30年代的尚小雲

Shang in the 1930s.

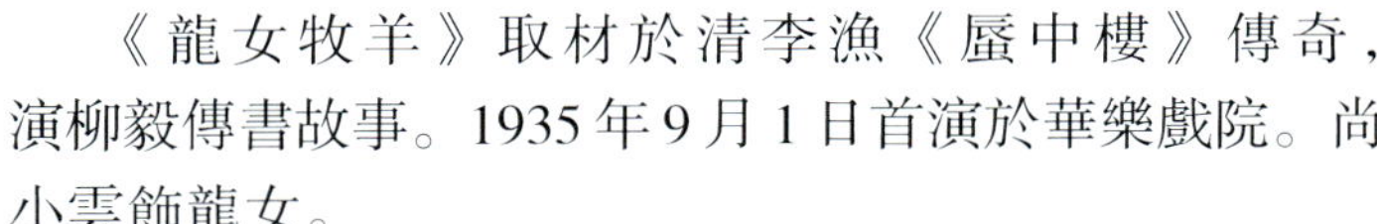
《龍女牧羊》取材於清李漁《蜃中樓》傳奇，演柳毅傳書故事。1935年9月1日首演於華樂戲院。尚小雲飾龍女。

尚小雲在《龍女牧羊》中飾龍女
Shang as the Dragon Princess in "The Dragon Princess Tends Sheep".

20世紀30年代的尚小雲
Shang in the 1930s.

1936年以前，尚小雲編演的新劇，尚有《張敞畫眉》、《玉虎墜》、《白玉蓮》(又名《乾坤扇》)、《燕子箋》、《空谷香》、《比目魚》等等,加上改編的舊劇，總數不下40齣。這些劇目不僅承載着尚派表演藝術，同時也爲京劇旦行拓寬了戲路，開闢了新的表現空間。

《燕子箋》，尚小雲飾酈飛雲
Shang as Li Feiyun in "The Swallow's Love Note".

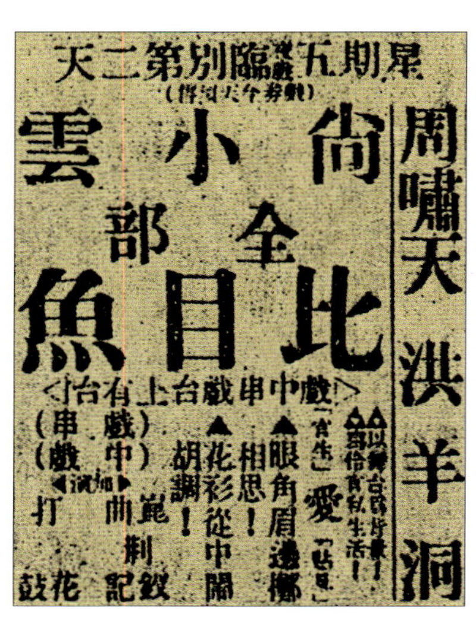

尚小雲在滬演出之戲報
The poster of Shang's performance in Shanghai in the 1930s.

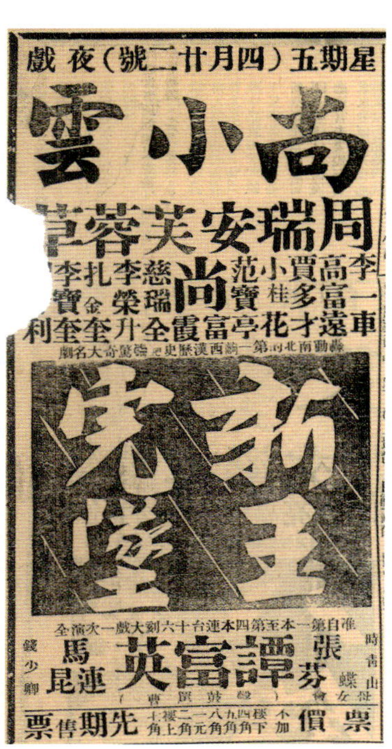

尚小雲在北平演出之戲報
The poster of Shang's performance in Beijing in the 1930s.

五　四大名旦

Ⅴ. The Four Great Dan Actors

20世紀20年代的尚小雲

Shang in the 1920s.

1927 年 7 月 23 日《順天時報》五大名伶新劇票選揭曉。五大名伶當選劇目:梅蘭芳《太真外傳》(右上)、程艷秋《紅拂傳》(左上)、尚小雲《摩登伽女》(中)、荀慧生《丹青引》(右下)、徐碧雲《綠珠》(左下)

Shuntian Times of July. 3, 1927 published the voting result of New Opera Pieces from the Five Great *Dan* Actors. The elected pieces from the Five Great *Dan* Actors: Mei Lanfang's "The Legend of Yang Yuhuan" (up right), Cheng Yanqiu's "The Story of Hongfu" (up left), Shang's "Maiden of Modengha" (middle), Xun Huisheng's "Painting as Go-between" (*Danqing Yin*) (down right) and Xu Biyun's "Green Pearl " (down left).

京劇表演行當的發育成熟，最先完成於老生一行。20 世紀 20 年代前後，隨着社會文化背景及觀衆接受觀念的變遷，旦行開始興起，逐漸取代了老生一行的領袖地位。“四大名旦”的出現，標志着旦行在現代京劇中領袖地位的最終確立。

一個行當地位的確立，有着互爲因果的三個方面的因素：表演體系的完備程度、表演人才的數量與質量以及作爲上述兩方面結合的表現載體——劇目建設的規模。

“四大名旦”一說，與新劇的編演有着密切關係，其名稱來源，即起因於一次名伶新劇投票。

1927 年 6 月，《順天時報》舉行了一次“徵集五大名伶新劇奪魁”的投票，目的在於“鼓吹新劇、獎勵藝員”。這次評選所稱名伶，“限定梅蘭芳、尚小雲、程艷秋、荀慧生、徐碧雲五人”，并規定“就各名伶新劇中選舉認爲最傑作者各一齣”。所列尚小雲的劇目爲《林四娘》、《五龍祚》、《摩登伽女》、《秦良玉》、《謝小娥》。

結果在 22 天内，報社收到讀者選票 14091 張。其中尚小雲以《摩登伽女》當選。

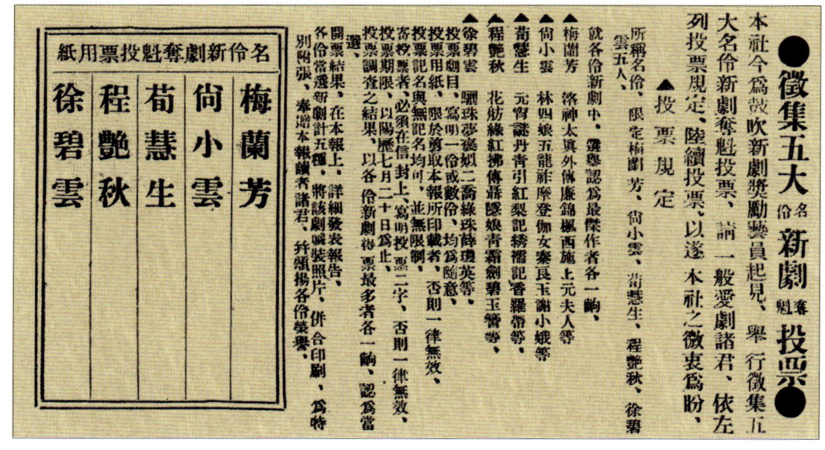

●徵集五大名伶新劇奪魁投票●

本社今爲鼓吹新劇獎勵藝員起見、舉行徵集五大名伶新劇奪魁投票、請一般愛劇諸君、依左列投票規定、陸續投票、以遂本社之徵衷爲盼、

▲投票規定

所稱名伶、限定梅蘭芳、尚小雲、荀慧生、程艷秋、徐碧雲五人、

就各伶新劇中、選舉認爲最傑作者各一齣、

▲梅蘭芳 洛神太真外傳廉錦楓西施上元夫人等

▲尚小雲 林四娘五龍祚摩登伽女秦良玉謝小娥等

▲荀慧生 元宵謎丹青引紅梨記綉襦記香羅帶等、

▲程艷秋 花舫緣紅拂傳聶隱娘青霜劍碧玉簪等、

▲徐碧雲 驪珠夢褒姒二喬綠珠薛瓊英等、

投票劇目、寫明一伶或數伶、均爲隨意、

投票用紙、限於剪取本報所印載者、否則一律無效、

投票記名與無記名均可、並無限制、

寄投票者、必須在信封上、寫明投票二字、否則一律無效、

投票期限、以陽歷七月二十日爲止、

投票調查之結果、以各伶新劇得票最多者各一齣、認爲當選、

關票結果、在本報上、詳細發表報告、

各伶當選新劇計五種、將該劇戲裝照片、併合印刷、爲特別附張、奉贈本報讀者諸君、并頌揚各伶榮譽、

名伶新劇奪魁投票用紙

梅蘭芳	尚小雲	荀慧生	程艷秋	徐碧雲

徵集五大名伶新劇奪魁投票啓事及選票

Notice for the voting.

▲五大名伶新劇奪魁投票最後之結果

本社舉行之五大名伶新劇奪魁 投票開始以來至陽歷七月廿日計二十二日間之寄票紙 數總計有一萬四千零九十一張之譜 本社特設專員仔細審查以期完善其結果五伶當 選曁次點新劇并所得票數如左

▲梅蘭芳 當選太真外傳 得票總計一七七四張 次點洛神 得票總計七七九張

▲尚小雲 當選摩登伽女 得票總計六六一八張 次點林四娘 得票總計九〇一張

▲荀慧生 當選丹青引 得票總計一二五四張 次點元宵謎 得票總計三一八張

▲程艷秋 當選紅拂傳 得票總計四七八五張 次點青霜劍 得票總計三八八張

▲徐碧雲 當選綠珠 得票總計一七〇九張 次點薛瓊英 得票總計四八四張

票選結果

Result of voting.

1949 年尚小雲與梅蘭芳

Shang and Mei Lanfang in 1949.

此後，隨着梅、尚、程、荀藝術地位日益鞏固，“四大名旦”之稱開始爲大衆接受。1931 年，劉豁公主編之《戲劇月刊》（上海大東書局發行）發起關於“四大名旦”的撰稿徵文，結果以蘇少卿、張肖傖、蘇老蠶分膺一、二、三名。該刊還發表了觀衆對“四大名旦”藝術優點諸多項目的統計比較表，對“四大名旦”在唱腔、嗓音、扮相、身段、新劇等等方面一一加以對比、評判，這是近代戲曲評論對演員進行的一次大規模系統比較研究。同年，上海長城唱片公司發行“四大名旦”聯合灌製之《四五花洞》唱片，該片共四句“西皮慢板”。梅蘭芳唱第一句，尚小雲唱第二句，荀慧生唱第三句，程艷秋唱第四句，最後四人合唱“十三咳”。此片當年即風靡一時，流行海內外。此後，以“四大名旦”爲共同對象的評論、研究屢見於各戲劇報刊，“四大名旦”之名乃深入人心。

1949 年“四大名旦”合影(後左起：尚小雲、梅蘭芳、荀慧生，前：程艷秋）

The Four Great *Dan* Actors (from left: Shang , Mei Lanfang and Xun Huisheng; front: Cheng Yanqiu) in 1949.

20 世紀 50 年代尚小雲及夫人王蕊芳、梅蘭芳及夫人福芝芳、荀慧生及夫人張偉君合影

The three couples: Shang and Wang Ruifang, Mei Lanfang and Fu Zhifang, and Xun Huisheng with his wife Zhang Weijun in the 1950s.

尚小雲與荀慧生

Shang and Xun Huisheng.

“四大名旦”在京劇舞臺上各依所長，展開競爭。在臺下則恪守藝德，相互促進。事實上，他們各以其自身的努力，共同完善了京劇旦行表演藝術體系。

尚小雲與梅蘭芳（前）、程艷秋（左）

Shang with Mei Lanfang (front) and Cheng Yanqiu (left).

梅蘭芳

《西施》

Mei Lanfang in "Beauty Xi Shi".

尚小雲

《貴妃醉酒》

Shang in "The Drunken Beauty".

程艷秋

《文姬歸漢》

Cheng Yanqiu in "Wenji Returns to the Han".

荀慧生

《紅鸞喜》

Xun Huisheng in "Beating the Ungrateful Husband" (*Hongluan Xi*).

《白蛇傳》，尚小雲飾小青，梅蘭芳飾白娘子，程艷秋飾許仙

Shang as Xiaoqing, Mei Lanfang as Bai Suzhen and Cheng Yanqiu as Xu Xian in "The Legend of the White Snake Lady".

《紅綫盜盒》，梅蘭芳飾紅綫

Mei Lanfang as Hongxian in "Hongxian Steals the Box".

在相互的競爭中，“四大名旦”先後湧現出一批在劇名、表演方面有相關之處的劇目，最先出現的是“四紅”。20世紀30年代初，有人將梅蘭芳的《紅綫盜盒》、尚小雲的《紅綃》、程艷秋的《紅拂傳》、荀慧生的《紅樓二尤》並稱“四紅”。至1936年，荀慧生排演《紅娘》，一時大爲轟動。後有好事者，以《紅娘》替代《紅樓二尤》，列入“四紅”之一，以使四齣劇目的劇名和主人公名形成雙重巧合。而將《紅樓二尤》的另一個劇名《鴛鴦劍》與梅蘭芳的《宇宙鋒》(《一口劍》)、尚小雲的《峨嵋劍》、程艷秋的《青霜劍》合稱“四劍”。此外更有“四妃”、“四喬裝”等提法，不一而足，傳爲佳話。

“四紅”：梅蘭芳《紅綫盜盒》飾紅綫，尚小雲《紅綃》飾紅綃，程艷秋《紅拂傳》飾紅拂，荀慧生《紅娘》飾紅娘。

《紅拂傳》，程艷秋飾紅拂

Cheng Yanqiu as Hongfu in "The Story of Hongfu".

《紅娘》，荀慧生飾紅娘

Xun Huisheng as Hongniang in "Hongniang".

《紅綃》，尚小雲飾紅綃

Shang as Hongxiao in "Hongxiao".

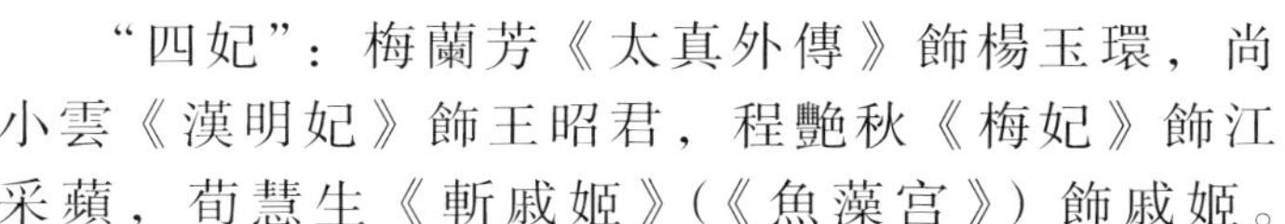

“四妃”：梅蘭芳《太真外傳》飾楊玉環，尚小雲《漢明妃》飾王昭君，程艷秋《梅妃》飾江采蘋，荀慧生《斬戚姬》(《魚藻宮》)飾戚姬。

《太真外傳》，梅蘭芳飾楊玉環
Mei Lanfang as Yang Yuhuan in "The Legend of Yang Yuhuan".

《漢明妃》，尚小雲飾王昭君
Shang as Wang Zhaojun in "Concubine Mingfei of Han".

《梅妃》，程艷秋飾江采蘋
Cheng Yanqiu as Jiang Caiping in "Concubine Meifei".

《斬戚姬》，荀慧生飾戚姬
Xun Huisheng as Concubine Qiji in "Beheading Concubine Qiji ".

《宇宙鋒》，梅蘭芳飾趙艷容

Mei Lanfang as Zhao Yanrong in "Universal Sword".

"四劍"：梅蘭芳《宇宙鋒》(《一口劍》)飾趙艷容，尚小雲《峨嵋劍》飾聶碧雲，程艷秋《青霜劍》飾申雪貞，荀慧生《紅樓二尤》(《鴛鴦劍》)前飾尤三姐、後飾尤二姐。

《峨嵋劍》，尚小雲飾聶碧雲

Shang as Nie Biyun in "Sword E'mei".

《紅樓二尤》，荀慧生飾尤三姐

Xun Huisheng as You Sanjie in "Two You Sisters in the Red Mansion".

《青霜劍》，程艷秋飾申雪貞

Cheng Yanqiu as Shen Xuezhen in "Sword Qingshuang".

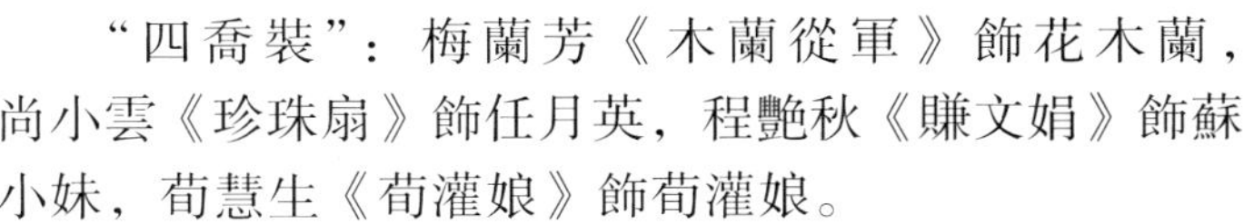

"四喬裝"：梅蘭芳《木蘭從軍》飾花木蘭，尚小雲《珍珠扇》飾任月英，程艷秋《賺文娟》飾蘇小妹，荀慧生《荀灌娘》飾荀灌娘。

《木蘭從軍》，梅蘭芳飾花木蘭
Mei Lanfang as Hua Mulan in "Mulan, the Disguised Warrior Maiden".

《珍珠扇》，尚小雲飾任月英（喬裝照缺）
Shang as Ren Yueying in "The Pearl Fan".

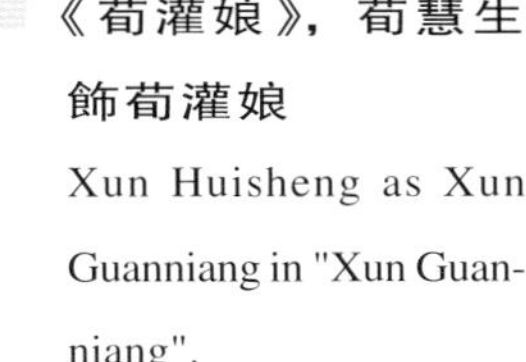

《荀灌娘》，荀慧生飾荀灌娘
Xun Huisheng as Xun Guanniang in "Xun Guanniang".

《賺文娟》，程艷秋飾蘇小妹（喬裝照缺）
Cheng Yanqiu as Little Sister Su in "Little Sister Su Jokes with Wenjuan" (*Zhuan Wen Juan*).

尚小雲除了與同爲“四大名旦”的梅、程、荀等互相砥礪、共同促進以外，還與同行其他優秀人物如于連泉、徐碧雲、趙桐珊、王幼卿等廣泛接觸，在合作、競爭中共同把京劇旦行表演藝術推向高峰。

《六五花洞》，左起：于連泉、王幼卿、尚小雲、梅蘭芳、程艷秋、荀慧生

In "Six Five Flowers Cave", from left: Yu Lianquan, Wang Youqing, Shang, Mei Lanfang, Cheng Yanqiu and Xun Huisheng.

尚小雲與徐碧雲

Shang and Xu Biyun.

六　毁家辦學

Ⅵ. Setting Up the School with All His Property

創辦榮春社時期的尚小雲

Shang at the time when Rongchun Opera School was being established.

榮春社創辦人尚小雲

Shang the founder of Rongchun Opera School.

傳藝育人是尚小雲半個多世紀的藝術生涯中極其重要的部分。

1936年初，尚小雲爲長子尚長春學戲練功，發出招收10名學生的廣告。因報名者踴躍，乃增加名額。初增至18名，繼之再增爲36名。而報名者仍接踵而至。遂廣告聲明，擬成立科班。復以長春之“春”字爲科班命名“榮春”。

1937年春，尚小雲以舊宅北平椿樹下二條1號整個後院騰出，又於椿樹上頭條13號、西草廠各租一院房子爲社址，着手籌辦榮春社。學生除上年秋與長子長春一同學藝之“三十六友”外，同時接收文林社遺散之學生，並廣招貧寒子弟。榮春社社長趙硯奎談到辦社初衷時説：“尚君此項組織，既無牟利企圖，又非一時興至之舉，純以救濟梨園貧寒子弟及作育人才爲目的。”

1938年3月16日(舊曆二月十五日)，榮春社在北平中和戲院正式宣告成立，舉行三天招待演出。演出同時，向來賓贈送《榮春社科班紀念刊》。

除尚小雲外，社中職員尚有社長趙硯奎、庶務主任遲紹峰、總務主任善寶臣、文書主任王頡竹、教育主任張寰如等。此時，班中學生經過一年多的認真學藝，已能演戲百餘齣。

榮春社社長趙硯奎

Zhao Yankui the headmaster of Rongchun Opera School.

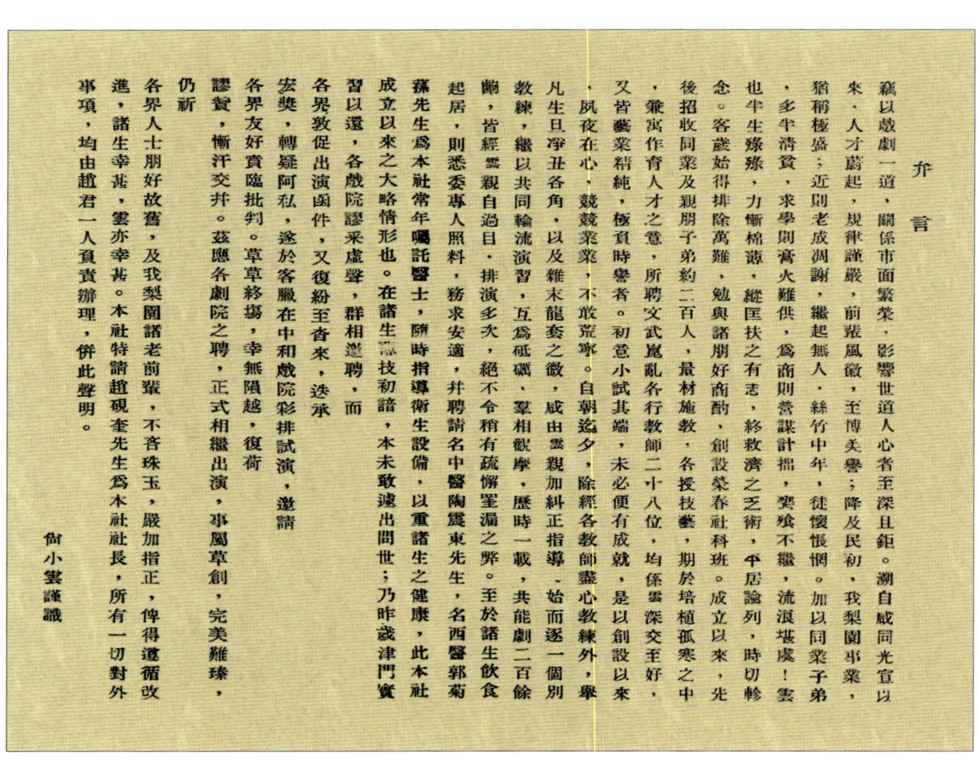

弁言

竊以戲劇一道，關係市面繁榮，影響世道人心者至深且鉅。溯自咸同光宣以來，人才蔚起，規律謹嚴，前輩風徽，至博美譽；降及民初，我梨園事業，猶稱極盛；近則老成凋謝，繼起無人，絲竹中年，徒懷悵惘。加以同業子弟，多半清貧，求學則膏火難供，爲商則營謀計拙，委殞不繼，流浪堪虞！雲也半生殘殘，力慚棉薄，縱匡扶之有志，終救濟之乏術，平居論列，時切軫念。客歲始得排除萬難，勉與諸朋好商酌，創設榮春社科班。成立以來，先後招收同業及親朋子弟約二百人，量材施教，各授技藝，期於培植孤寒之中，兼寓作育人才之意，所聘文武崑亂各行教師二十八位，均係雲深交至好，又皆藝業精純，極負時譽者。初意小試其端，未必便有成就，是以創設以來，夙夜在心，競競業業，不敢荒寧。自朝迄夕，除經各教師盡心教練外，舉凡生旦淨丑各角，以及雜末龍套之微，咸由雲親加糾正指導，始而逐一個別教練，繼以共同輪流演習，互爲砥礪，羣相觀摩，歷時一載，共能劇二百餘齣，皆經雲親自過目，排演多次，絕不令稍有疏懈罣漏之弊。至於諸生飲食起居，則悉委專人照料，務求安適，并聘請名中醫陶震東先生，名西醫郭菊蓀先生爲本社常年囑託醫士，隨時指導衛生設備，以重諸生之健康，此本社成立以來之大略情形也。在諸生藝技初諳，本未敢遽出問世；乃昨歲津門實習以還，各戲院謬采虛聲，群相邀聘，而
各界敦促出演函件，又復紛至沓來，迭承
宏獎，轉疑阿私，遂於客臘在中和戲院彩排試演，邀請
各界友好賁臨批判。草草終場，幸無隕越，復荷
謬賞，慚汗交并。茲應各劇院之聘，正式相繼出演，事屬草創，完美難臻，仍祈
各界人士朋好故舊，及我梨園諸老前輩，不吝珠玉，嚴加指正，俾得遵循改進，諸生幸甚，雲亦幸甚。本社特請趙硯奎先生爲本社社長，所有一切對外事項，均由趙君一人負責辦理，併此聲明。

尚小雲謹識

尚小雲爲《榮春社科班紀念刊》撰寫的《弁言》

The foreword by Shang for *Commemorative Magazine of Rongchun Opera School.*

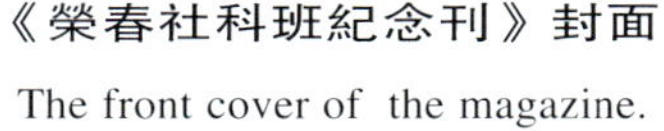

《榮春社科班紀念刊》封面

The front cover of the magazine.

左起：榮春社庶務主任遲紹峰、榮春社總務主任善寶臣、榮春社文書主任王頡竹、榮春社教育主任張寰如

From left to right, Chi Shaofeng, Chief of General Affairs, Shan Baochen, Chief of School Administration, Wang Jiezhu, Director Secretary, Zhang Huanru, Chief of Teaching Affairs.

尚小雲之於榮春社，既是班主，又是教師,社内組織機構、管理制度及師生飲食起居諸端，無論大小，事必躬親。其所延教師，多爲一時之傑。學生飲食、穿戴俱有保證,上臺之佈景、行頭亦無不講究。

榮春社部分教師合影

Some of the teaching staff from Rongchun Opera School.

尚小雲與榮春社部分學生合影（前排左起：李榮岩、方榮慈、汪榮漢、郭榮相、吴榮森;後排左起：周仲春、黄榮俊、楊榮環、陳茂春、尚小雲、李德春、梁榮甫、蔡松春、時榮章、王嘉春、李甫春、耿玉春）

Shang with some students from Rongchun Opera School.

1944年，尚小雲在北平椿樹下二條1號家中與榮春社部分學生合影（前排左起：吴榮森、趙榮鑫、尚小雲、尚長榮、王嘉春、方榮慈；中排左起：馬榮祥、景榮慶、李甫春、張榮善；　後排左起：趙和春、孫榮蕙、尚長春）

Shang with some students from Rongchun Opera School at his home in Beijing in 1944.

20世紀40年代中後期，富連成社及中華戲校相繼解散，遣散學生多改入榮春社。此時，榮春社亦入不敷出，難以爲繼。1948年5月2日，榮春社終因經費告罄等原因停辦。

榮春社創辦12年間，尚小雲於一無資助、二無外援的條件下，嘔心瀝血，以自己演出所入及變賣家産所得，獨立支撑，勉力維持。其間，陸續變賣歷年積蓄所置之房産多處並美國産道奇牌轎車、夫人王蕊芳首飾等，人謂之“毁家辦學”。從某種意義上講，榮春社已融入尚小雲的生命，成爲與之息息相關的一部分。

榮春社學生出科者，計“榮春”、“長喜”兩科590名，爲京劇事業的繼往開來作出了重要的貢獻。

在創辦榮春社的同時，尚小雲仍不間斷舞臺演出，且多創排新劇。其演出活動，既爲科班籌措了經費，又爲學生提供了觀摩和實習的極好機會。尚小雲後期所排大型神怪、俠義戲，多有榮春社學生參加。

榮春社學生練功照（左起：王永春、尚長春、賈壽春、孫瑞春、趙和春）
The students of Rongchun Opera School in basic training.

1938年，尚小雲與榮春社部分學生攝於北平椿樹下二條1號家中（左起：孫榮蕙、徐榮奎、尚長麟、尚小雲、李榮安、尚長春）
Shang at home of Beijing with some of his students from Rongchun Opera School.

1938年12月1日，尚小雲率榮春社學生赴天津演出，受到天津各界熱烈歡迎。這是天津名士王伯龍設宴招待尚小雲一行時所攝
On Dec. 1, 1938, Shang led his Rongchun students to Tianjin for a performance,meeting warm welcome from all walks of life there. This is a scene taken at the banquet for Shang and his group by Wang Bolong a celebrity in Tianjin.

孫榮蕙之《蠻荒少女》
Sun Ronghui in "Maiden from Barbarian Land".

羅榮亭、陶榮耀之《戰樊城》
Luo Rongting and Tao Rongyao in "The Battle of Fancheng".

尚長春之《水簾洞》
Shang Changchun in "Water Curtain Cave".

徐榮奎、孫瑞春之《八大錘》
Xu Rongkui and Sun Ruichun in "Lu Wenlong" (*Ba Da Chui*).

《水簾洞》劇照

Stage photo of "Water Curtain Cave".

夏曆十二月初一日 楊宅堂會

富貴長春	全體學生
百壽圖	全體學生
蟠桃會	田榮芬 王斌春 全體學生
大回朝	陳茂春 唐榮昌 李榮元 陶龍春
浣花溪	崔榮鶯 時榮章 羅榮亭
八蜡廟	賈壽春 王福春 趙和春 王嘉春
黃鶴樓	張榮勝 黃榮俊 陶榮權 羅榮貴 侯榮湘
打櫻桃	尚榮芳 陳榮蘭 汪榮漢
青石山	尚長春 田榮芬 王福春 王斌春
御碑亭（金榜樂 大團圓）	徐榮奎 孫榮蕙 崔榮鶯 李榮安 陶榮權
東漢	尚長春 徐榮奎 王福春 張榮林 全體學生
遇龍封官	朱榮昇 張榮治 董鶴春

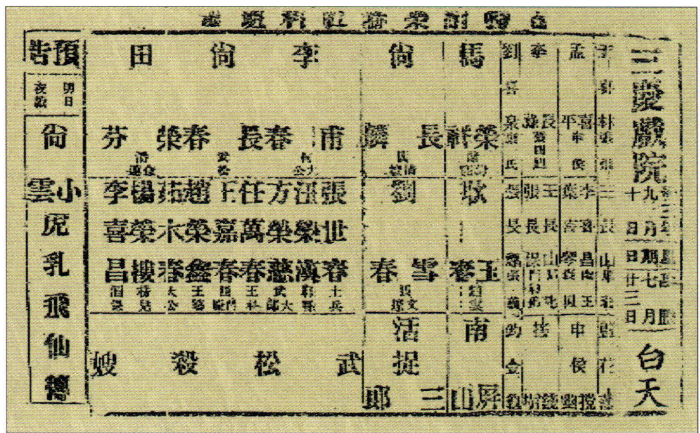

三慶戲院

白天

預告

尚小雲

武松殺嫂

活捉三郎

榮春社所演堂會戲及營業戲之戲單

Programs of private theatre performance and business performance by Rongchun Opera School.

榮春社學生劇照

Stage photos of some Rongchun students.

尚小雲飾《梅玉配》之蘇玉蓮，演出前攝於後臺

Shang as Su Yulian in "Marriage of Su Yulian and Xu Tingmei". This is the photo taken backstage before the performance.

1940 年 11 月 19 日，重慶社重排多年不演之《梅玉配》。此劇是以唱工爲主的旗裝戲，由松茂如編劇，最先由王瑶卿搬演。因旗裝無水袖，演員須露手露脚，對表演要求甚高。先時演此劇，少夫人一角均由趙桐珊擔任，尚小雲飾蘇玉蓮。趙桐珊南下，尚小雲遂不再露演此劇凡四五年。此時因榮春社學生學演此劇，尚小雲即特邀于連泉飾少夫人，蕭長華飾楊先生，公演兩次。榮春社學此戲的青衣孫榮蕙、花衫崔榮英、丑角時榮章均到場觀摩。

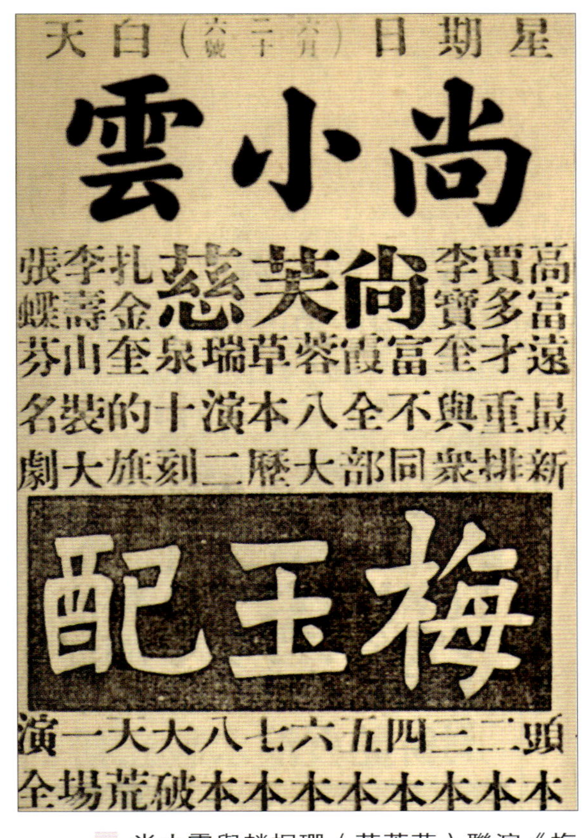
星期日（…）白天

尚小雲

高富遠 賈多才 李寶奎 尚富霞 芙蓉草 慈瑞泉 扎金奎 李壽山 張蝶芬

最新重排與衆不同全部八大本歷演二十刻的旗裝大名劇

梅玉配

頭本 二本 三本 四本 五本 六本 七本 八本 大破天荒一場演全

尚小雲與趙桐珊（芙蓉草）聯演《梅玉配》戲報

The poster of " Marriage of Su Yulian and Xu Tingmei" in which Shang and Zhao Tongshan played roles together.

價目（…）

挽留 九陣風 桃

三天 周喜如 王連浦 捉放

挽留 譚富英 放

三天 王少芳 朱素雲 曹 梅

挽留 尚小雲 頭本

三天 小翠花 玉 二本

尚富霞 配

尚小雲與于連泉(小翠花)聯演《梅玉配》戲報

The poster of " Marriage of Su Yulian and Xu Tingmei" in which Shang and Yu Lianquan played roles together.

1939 年尚小雲與學生孫榮蕙

Shang and his student Sun Ronghui in 1939.

《緑衣女俠》，尚小雲飾劉芳
Shang as Liu Fang in "The Swordswoman in Green".

榮春社創辦期間，尚小雲所編新劇，尚有《緑衣女俠》、《青城十九俠》、《九曲黄河陣》、《虎乳飛仙傳》等，多由還珠樓主編劇，劇情大都富於傳奇、神秘色彩，佈景華麗，場面壯觀。加以尚小雲演出時一絲不苟，班中其他演員亦都爲一時之選，因而廣受歡迎，在北平京劇舞臺上久演不衰。

《緑衣女俠》，1936年8月10日尚小雲首演於華樂戲院。尚小雲飾劉芳（緑衣女俠），閻世善飾楊舜華(崑崙女)，袁世海飾劉豫，高富遠飾劉猊，尚富霞飾黄興漢，孫盛武飾秋香，范寶亭飾金兀朮。此劇演南宋山東節度使劉豫賣國求榮，不聽其女劉芳勸告，携子劉猊投降金邦，并殺死兗州知府黄守忠，又陷守忠子興漢入獄。興漢爲劉芳所救。劉芳與丫鬟秋香連夜離家出走，路經白龍山，收服女寨主楊舜華，乃據山抗金，自號緑衣女俠。金邦遣劉豫父子剿山，劉芳扮男裝出戰，終不忍傷父兄。黄興漢投岳家軍，爲金將粘罕所敗，劉芳救之回山。經秋香撮合，劉芳、楊舜華同嫁與黄興漢。洞房中劉芳説出真名，黄興漢不容仇人之女，劉芳慷慨陳詞，隻身下山，爲金兵所困。秋香説服黄興漢，下山相救，負荆請罪，遂得團圓。此劇以大段唱腔及繁重武打取勝，且有改容易妝、掛髯口的表演。劇中劉芳使秋風掃落葉劍及亮銀盤龍棍，楊舜華使子母鴛鴦劍，俱係舞臺創見 。

《青城十九俠》，1936年10月22日首演於華樂戲院。尚小雲飾吕靈姑，范寶亭飾吕偉，袁世海飾毛霸，張雲溪飾雷迅。還珠樓主據自己的同名小説改編。

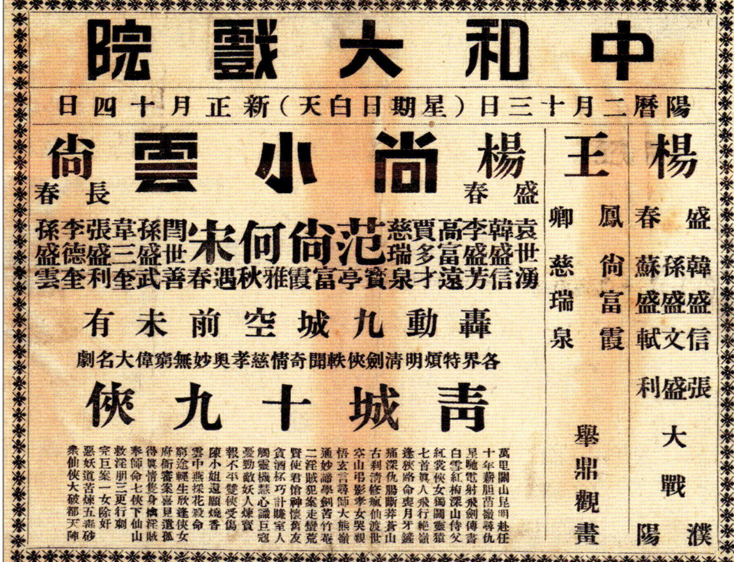

《青城十九俠》在北平、上海演出的戲單和戲報

The program and poster of "Nineteen Swordsmen from Mount Qingcheng" in Beijing and Shanghai.

《青城十九俠》，尚小雲飾吕靈姑

Shang as Lü Linggu in "Nineteen Swordsmen from Mount Qingcheng".

《青城十九俠》，尚小雲飾呂靈姑
Shang as Lü Linggu in "Nineteen Swordsmen from Mount Qingcheng".

《青城十九侠》，尚小雲飾吕靈姑

Shang as Lü Linggu in "Nineteen Swordsmen from Mount Qingcheng".

《九曲黄河陣》（首演名《封神三霄》），1937年4月17日首演於第一舞臺。此劇取材於《封神演義》，早年間梅巧玲等曾上演。尚小雲此劇由還珠樓主改編。尚小雲飾碧霄，王鳳卿、趙桐珊、李寶奎、張小傑、沈富貴、張君秋、袁世海、張雲溪、尚長春、尚長麟等在劇中扮演了角色。

《九曲黄河陣》，尚小雲飾碧霄，李寶奎飾姜子牙，宋遇春飾陸壓，尚長春飾哪吒

Shang as Bixiao, Li Baokui as Jiang Ziya, Song Yuchun as Lu Ya and Shang Changchun as Nezha in "Yellow River Battle Formation".

《虎乳飛仙傳》，1938年1月16日在中和戲院首次公演。由還珠樓主編劇。尚小雲飾徐月娘。

《虎乳飛仙傳》，尚小雲飾徐月娘

Shang as Xu Yueniang in "Tale of the Boy Once Bred by a Tiger".

尚小雲在長安大戲院演出《虎乳飛仙傳》於後臺化妝時所攝

A photo of putting on makeup at the backstage before the performance of "Tale of the Boy Once Bred by a Tiger" (*Hu Ru Fei Xian Zhuan*) in Chang'an Grand Theatre.

榮春社教師

老生教師

蔡榮桂、張盛利、張盛祿、李寶奎、王鳳卿、韋三奎、王少芳、陳少五、孫景泉、宋遇春、劉硯芳、王澤民

武生教師

沈富貴、錢富川、尚和玉、孫盛雲、諸連順、丁永利、包丹庭、趙子儀、王三黑

小生教師

韓金福、程繼先、蕭連芳

旦角教師

戴韵芳、陶玉芝、于連泉、胡長泰、孫怡雲、閻嵐秋、孫甫亭、朱盛富、閻世善、唐富堯、李凌楓、何雅秋、徐霖甫、唐采芝、李連英

花臉教師

宋富亭、唐長利、范寶亭、霍仲三、孫盛文、李德奎

丑角教師

羅文奎、孫小華、賈多才、高富遠、孫盛武、李盛芳、高富全、蕭盛萱、陸喜才

崑曲戲教師

陸寶麟、郭春山、全雨龢、侯瑞春

武功教師

耿明義、張富芬、陶玉政、夏德福、袁世湧、張景山、周益茂、畢文通

其他教師

松文明、張長林、魏德惠、白宗浩、國藎臣

榮春社學生

徐榮奎(文武老生)、吴榮森(老生)、馬榮祥(老生)、張榮善(老生)、王榮良(文武老生兼紅生)、王榮增(老生)、李榮岩(老生)、李榮友(老生)、李榮昆(老生)、朱榮升(老生)、田榮貴(老生)、陶榮耀(文武老生)、馮榮焕(武花臉)、楊榮宸(花臉)、羅榮亭(老生)、徐榮明(老生)、馮榮寬(武花臉)、劉榮秀、何榮連(武花臉)、黄榮俊(小生,後改老生)、李榮安(文武小生)、馬榮利、耿榮鑑(老生、老旦)、耿榮先(小生)、張榮志(老生)、張榮山、孫榮秀、楊榮樓(文武花臉)、顧榮長(武花臉)、孫榮蕙(青衣、花衫)、郭榮珍(青衣)、馬榮彩(旦角)、崔榮英(花旦)、祁榮雯(青衣,後改小生)、謝榮珊(青衣)、陳榮蘭(青衣)、張榮勝(老生)、劉榮儀(武生)、田榮琴(旦角)、尚榮芳(花旦)、田榮芬(花衫、刀馬)、張榮林(老生、老旦)、梁榮甫(老旦)、羅榮舫(老旦)、錢榮順(老旦,後改武生、花臉)、景榮慶(銅錘、架子花臉)、趙榮鑫(銅錘、架子花臉)、唐榮昌(花臉)、羅榮貴(銅錘、架子花臉)、趙榮鵬(銅錘、架子花臉)、李榮威(花臉)、趙榮樵(老旦)、夏榮庭(銅錘、架子花臉)、安榮泰(花臉)、楊榮年(花臉)、侯榮湘(小生)、時榮章(文丑)、鈕榮亮(文丑)、方榮慈(文丑)、汪榮漢(文丑)、蕭榮萱、郭榮相(文丑)、黄榮壽(丑)、李榮元(丑)、亨榮通(武花臉)、趙榮來(武花臉)、張榮玉(武花臉)、趙榮棠(花臉)、郭榮江(花臉)、趙榮鳴(花臉)、趙榮佑(武生)、楊榮斌(老生)、蕭榮鳳(旦角)、郭榮清、王榮佩、王榮林、徐榮生(老生)、李榮泉(花臉)、馬榮長、張榮茂、張榮意、張榮興(生)、計榮珍(旦角)、吴榮斌、孫榮寶(武生)、孫榮登、何榮慶、劉榮邦(旦角)、周榮寶(老生)、祁榮鳳、張榮義、王榮玖(武生)、王榮坡(文武老生)、穆榮童(花臉)、計榮龍(花臉)、虞榮升(老生、老旦)、張榮培(老生)、耿榮泉、錢榮安、于榮卿(旦角)、李榮華(花臉、丑)、燕榮飛(武花臉)、方榮翔(花臉)、胡榮壽、李榮軒(文武老生)、沈榮華(武生)、張榮芝(旦角)、梁榮凱、茹榮才、袁榮湧、張榮良、孫榮厚、岳榮芬(武旦)、松榮茂(丑)、傅榮喜(旦角)、賈榮年(花臉)、鄂榮廣(二路武生)、常榮峰(旦角)、李榮剛(花臉,後改丑)、張榮年、李榮强、曹榮亭(老生)、張榮儀(青衣)、田榮秋、羅榮漢、羅榮連、張榮麟、高榮玲(旦角)、任榮信(丑)、郭榮海、何榮岩、于榮德、陶榮萱、王榮寶、關榮啓、何榮慶、何榮遠、韓榮衡、李榮臣、王榮光、汪榮喜、劉榮宜、楊榮山、賈榮凱、蘇榮舫、慈榮亮(老生)、吴榮光、胡榮平、黎榮輝、霍榮化、關榮甫(老旦)、魏榮元(老生,後改評劇花臉)、吴榮光、王榮傑、黎榮輝

尚長春(武生)、王福春(武生、架子花臉)、周仲春(小生)、趙和春(文武老生)、耿玉春(武生)、孫瑞春(武生)、賈壽春(花臉,後轉武丑兼紅淨)、劉雪春(武生)、王斌春(武生、花臉)、陸錦春(武花臉)、李學春(武花臉)、王嘉春(武旦,後改小生)、陸鴻春(武花臉)、李甫春(老生)、祁樹春(武生)、陳茂春(銅錘、架子花臉)、蔡松春(花臉)、李益春(武花臉)、閻

廣春(武生)、董鶴春(花臉)、茹木春(丑)、陶龍春(丑)、王永春(武丑)、薛躍春(武丑)、耿雨春(武小生)、耿斌春(武花臉)、李增春(武丑)、王禄春(武花臉)、李芳春(三路武生)、王勝春(武花臉)、徐慶春(武花臉)、沈桂春(二路武生)、張世春(武花臉)、任萬春(丑)、李德春(武花臉)、李啓春(武花臉)、朱月春(武花臉)、張樹春、張祥春、關聯春(武花臉)、馬富春(武生)、楊建春(二路武生)、劉承春(武丑)、殷富春(武丑)、岳文春(武旦)、劉啓春、李寶春、高林春、李明春(武生)、楊振春、張桂春(武生)、計華春、李廷春、黄鳴春、趙來春(花臉)、楊生春、李湘春、關伯春、張興春、胡厚春(文丑)、蕭吉春、李菊春、蕭同春、霍義春、喬仁春、計智春、蕭鳳春、韓樹春(武生)、榮光春、任喜春

尚長麟(青衣、花旦、花衫)、尚長龍(老生)、李長瑞(武生)、李長禄(旦角)、馬長增(花臉)、張長奎(花臉)、白長清(花臉)、張長福(丑)、劉長海(丑)、王長山(武生)、白長勤(花臉)、耿長鳴(武丑)、程長松(武花臉)、程長柱、石長英(老生)、韓長生(旦角，後改小生)、馬長禮(老生)、韓長秋(刀馬旦)、關長勵(老生)、張長保(武花臉)、徐長章(老生)、趙長喜、關長明(花臉)、景長升(武生)、李長如(武生)、于長志(武生)、劉長貴(丑)、王長泉(老旦)、曹長寶(老生)、張長清(武生)、張長侯(武生)、李長印(三路武生)、于長樹(丑)、陸長通(二路武生)、王長保(武生)、于長海、鮑長彬、蕭長義、聶長海、李長印、張長友(花臉)

李喜鴻(老生，後改花衫)、楊喜忠(老生)、劉喜泉(老旦)、吴喜玉(老生)、羅喜禄(老生)、羅喜鈞(武丑)、劉喜久(老生)、姚喜元(武生)、葉喜琴(花旦)、曹喜芬(青衣、花旦)、關喜連(花旦)、孟喜平(老生，後改花臉)、趙喜文(花臉)、徐喜成(花臉)、馬喜仁(花臉)、于喜林(武生，後改花臉)、田喜秀(丑)、王喜全(老旦)、貫喜琴(旦角，後改老生)、田喜星(小生)、張喜興、甄喜福(丑)、譚喜壽(武生)、慈喜善(老生)、雷喜岩(小生)、高喜銘(武生)、遲喜鵬(丑)、管喜成(花臉)、管喜屏、吴喜康(武生)、高喜壽(武生)、陳喜增(老生改琴師)、陳喜良、韓喜秋(武旦)、索喜元(花旦)、孟喜生(花臉)、張喜斌(花臉)、李喜章(老生)、陳喜賢、楊喜清、韋喜利、李喜芬(老旦)、言喜善(老生)、祁喜奎(小生)、單喜瑞

劉連潤(花臉)、譚韵壽(丑)、雷世新、郭廷瑞、栗承廉(武旦)、裴永叙(武生)、沈志廣(老生)、張元意(老生)、楊建宗、汪玉安(老旦)、白春培、傅金龍(旦角)、傅鑫培、谷春才、吴德才、王文起、鮑長斌、劉玉寬、舒少斌、張立山(花臉)、陳廉、徐立達、王魁(武花臉)、穆承童(花臉)、張鳴禄(武生)、陳鳴潤、張德華(花臉)、侯小藻、朱寶利

七　志在千里

Ⅶ. Still Ambitious though Old

20世紀50年代初的尚小雲

Shang in the early 1950s.

1956年9月，北京市京劇工作者聯合會代表大會召開。尚小雲當選爲聯合會副主席（右起：馬連良、梅蘭芳、尚小雲）
In the conference of the Association of Beijing Opera Workers in Beijing, Shang was elected the vice-chairman of the association.

1949年10月，中華人民共和國成立。同年11月尚小雲組建與以往班社性質完全不同的劇團——尚小雲京劇團。主要成員有李鳴盛、白家麟、李春恒、方英培、賈松齡、崔熹雲、張韵斌、鈕榮亮、張榮玉、侯長清、馬連貴、劉喜泉、尚長春、尚長麟等。劇團採取新的分配方式。

1951年秋，因尚長春、尚長麟等分出成立新寧京劇團，尚小雲京劇團隨之重組，又邀請于連泉等加入。

1955年，尚小雲當選爲中國人民政治協商會議北京市第一屆委員會常委（直到1965年，連任第二、三、四屆委員會常委）。1956年，尚小雲當選爲北京市文學藝術界聯合會常務理事、北京市京劇工作者聯合會副主席。

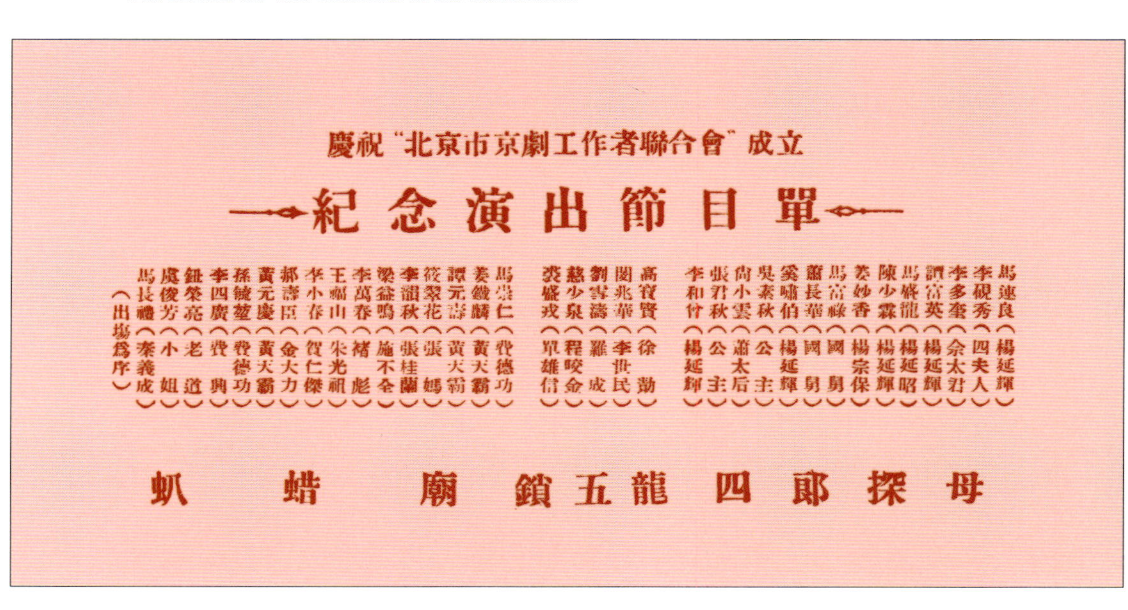

慶祝"北京市京劇工作者聯合會"成立

紀念演出節目單

四郎探母

馬連良（楊延輝）
李硯秀（四夫人）
李多奎（佘太君）
譚富英（楊延輝）
馬盛龍（楊延昭）
陳少霖（楊延輝）
姜妙香（楊宗保）
馬富祿（國舅）
蕭長華（國舅）
奚嘯伯（楊延輝）
吳素秋（公主）
尚小雲（蕭太后）
張君秋（公主）
李和曾（楊延輝）

鎖五龍

高寶賢（徐勣）
閻兆華（李世民）
劉雪濤（羅成）
慈少泉（程咬金）
裘盛戎（單雄信）

蚆蜡廟

馬崇仁（費德功）
姜鐵麟（黃天霸）
譚元壽（黃天霸）
筱翠花（張媽）
李韻秋（張桂蘭）
梁益鳴（施不全）
李萬春（褚彪）
王福山（朱光祖）
李小春（賀仁傑）
郝壽臣（金大力）
黃元慶（黃天霸）
孫毓堃（費德功）
李四廣（費興）
鈕榮亮（老道）
厲俊芳（小姐）
馬長禮（秦義成）
（出場爲序）

爲慶祝北京市京劇工作者聯合會成立舉行的紀念演出節目單
The program of the performance to celebrate the founding of Association of Beijing Opera Workers in Beijing.

20世紀50年代初的尚小雲
Shang in the early 1950s.

紀念演出《四郎探母》，"盗令"一場，尚小雲飾蕭太后
A commemorative performance "Silang Visits His Mother" in which Shang played the role of Queen Dowager Xiao. This is the part of "Stealing the Arrow of Authority".

紀念演出後謝幕
Answering the curtain call after the performance.

1949年以後，至20世紀50年代，尚小雲除整理原有尚派保留劇目堅持演出外，還創作排演了《墨黛》、《夜歸》、《太原雙雄》、《洪宣嬌》、《平陽公主》、《血濺梨花閣》、《峨嵋酒家》等新戲，改編了十多齣傳統戲，不斷發展尚派藝術。

1949年11月，尚小雲根據《北國佳人》和民間傳説創作了新戲《墨黛》，成爲新中國誕生後創作、演出新編劇的首位京劇名家。

《墨黛》，尚小雲飾墨黛

Shang as Modai in "Modai".

《北國佳人》，尚小雲飾小玉

Shang as Xiaoyu in "Beauty in the North".

《北國佳人》，尚小雲飾小玉
Shang as Xiaoyu in "Beauty in the North".

《北國佳人》一劇是尚小雲以蒙古族上層社會生活爲背景編演的個人獨有本戲。1937年元月28日首演於北平第一舞臺，尚小雲飾小玉，配演有尚富霞、李寶奎、袁世海、范寶亭、宋遇春、閻世善、高富遠、高富全、賈多才、孫甫亭等。爲了真實展現蒙古民族風情，尚小雲曾專門向專家請教，並特地到北京著名喇嘛寺雍和宮參觀，借鑑有關建築和雕塑、參照蒙古族習俗設計了服飾和佈景，使這齣戲具有濃郁的塞外風情。

1949年11月，吴幻蓀對此劇進行改編，尚小雲爲之易名《墨黛》，首演於北京長安戲院。改編後，該劇情節曲折，前文後武，張弛有序。尚小雲按劇中人物的身分、性格設計了唱腔。在“走雪”一場運用水袖功，創造了“燕子飛”、“燕子鑽天”、“燕子銜泥”等舞蹈動作。在“下山進城”一齣中，根據生活中的觀察體驗，設計了挑水奔走的動作。同時取消了檢場、飲場，革除了舊時舞臺演出的一些陳規，使用了新式大幕、擴音器和介紹劇情的字幕，增加了燈光。在京、津、滬等地演出後獲得一致好評，被譽爲“經過千錘百煉後的高度藝術成就”。

1953年首演《洪宣嬌》（根據原榮春社排演的《太平天國》一劇改編），尚小雲飾洪宣嬌。

《洪宣嬌》，尚小雲飾洪宣嬌
Shang as Hong Xuanjiao in "Hong Xuanjiao".

1953年9月，尚小雲自編自導了以除暴安良爲主題的新戲《峨嵋酒家》。尚小雲飾謝小玉。這齣戲以峨嵋山下謝小玉父女鏟除豪紳惡霸的故事歌頌了爲民除害、伸張正義的鬥爭精神，文武並儷，具有鮮明的尚派特色。

《峨嵋酒家》，尚小雲飾謝小玉

Shang as Xie Xiaoyu in "E'mei Restaurant".

20世紀50年代初尚小雲在天津

Shang in Tianjin in the early 1950s.

進入20世紀50年代後，尚小雲率其劇團在全國進行了幾次大規模的巡迴演出。足迹所至，及於農村、廠礦、林區及建設工地。近十年中，尚小雲以半百之年，不辭勞苦，奔走演出，往往經年累月。

1950年8月，尚小雲率團在全國作第一次巡迴演出。他們從北京出發，先到天津、濟南、青島、濰坊、周村，11月南下到達南京，演出一月後，繼續赴鎮江、揚州、蘇州、上海、青島等地演出。1951年秋劇團重組後，尚小雲遂率團赴徐州、鄭州、西安演出；後返南京暫居復成新村，被聘任爲南京市戲曲改進委員會副主任。1952年初返回北京。

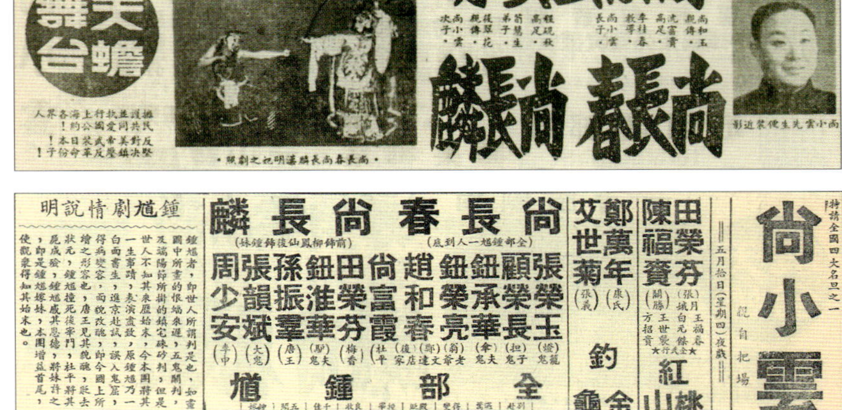

1951年尚小雲率劇團巡迴演出戲單

The program of traveling shows from the troupe led by Shang in 1951.

1951年尚小雲在揚州與蘇北文聯、蘇北實驗京劇團同仁合影

Shang with the members of both the Literarymen Association of Northern Jiangsu and the Experimental Beijing Opera Troupe of Northern Jiangsu in Yangzhou in 1951.

1953年春，尚小雲率劇團奔赴塞北，再次巡迴演出。從北京出發，到大連、瀋陽、長春、哈爾濱、佳木斯、鶴崗、伊春等地，同年冬返回北京。

1953年尚小雲在佳木斯與當地京劇院全體女演員合影

Shang with all actresses of the local Beijing Opera troupe in Jiamusi in 1953.

1953年尚小雲在伊春與該市演出委員會成員合影

Shang with the members of the performing committee of Yichun in 1953.

尚小雲京劇團在農村演出
Shang Xiaoyun Beijing Opera troupe in the countryside.

1954年3月，尚小雲京劇團赴石家莊、安陽、德州、天津、鞍山、撫順等地演出，歷時七月餘。

1955年6月，尚小雲京劇團赴天津、秦皇島、濟南、烟臺、大連、本溪、蘇州、上海、南京、武漢等地演出，年末返回北京。

巡迴演出中和觀衆在一起
Together with the audience during a travelling show.

武漢大學
武漢水利學院 教工會敦請

尚小雲京劇團

來校公演

劇中人……扮演人
王昭君……尚小雲
漢元帝……方英培
毛延壽……尚長榮
王朝珊……趙和春

廟王……唐榮昌
單于王……劉少奎
鄭仁德……尚富霞
馬童……錢榮順
王龍……華世麗

1955年尚小雲京劇團演出戲單
The program of Shang Xiaoyun Beijing Opera Troupe in Wuhan in 1955.

1956年，尚小雲率劇團赴南京、無錫、上海、嘉興、杭州、鎮江等地演出八月餘。

12月，尚小雲京劇團以《搜山打車》、《尼姑思凡》、《北詐》、《湘江會》四個劇目參加北京市戲曲劇團年終彙報演出。尚小雲主演《尼姑思凡》和《湘江會》。

1956年尚小雲在杭州

Shang in Hangzhou in 1956.

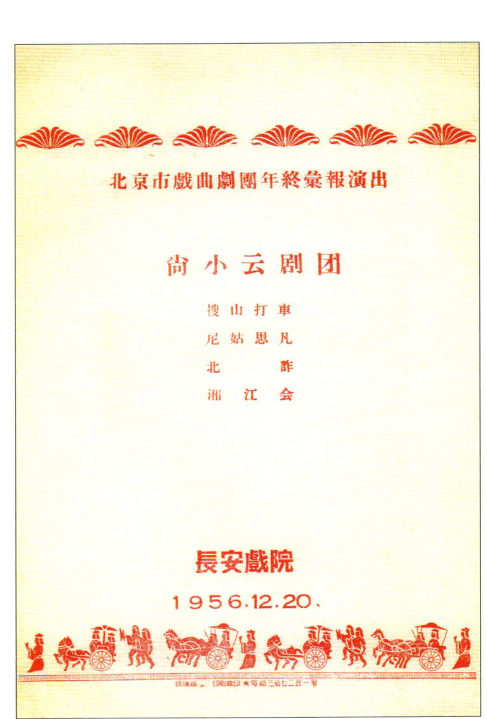

北京市戲曲劇團年終彙報演出

尚小云剧团

搜山打車
尼姑思凡
北　詐
湘江会

長安戲院

1956.12.20.

北京市戲曲劇團1956年年終彙報演出說明書

Beijing Theatre Troupe's program with synopsis for the annual report-back performance in 1956.

1956年尚小雲演出《漢明妃》劇照

Shang as Wang Zhaojun in "Concubine Mingfei of Han" in 1956.

1957 年夏，尚小雲率劇團從北京出發，赴唐山、濟南、濟寧、滕縣、兖州、洛陽、西安、太原、大同、張家口、宣化、呼和浩特等地演出，年底返回北京。

1957 年尚小雲在西安五四劇院爲馬藍魚(左二)、李繼新(左一)、朱成仁(右一)傳授《昭君出塞》

In May Fourth Theatre of Xi'an, Shang was teaching Ma Lanyu, Li Jixin and Zhu Chengren "Zhaojun Goes Out of the Pass".

1957 年尚小雲在西安五四劇院告别演出《漢明妃》後謝幕

Shang was answering the curtain call after a farewell performance of "Concubine Mingfei of Han" in 1957.

1957 年尚小雲與正在呼和浩特演出的山西省著名北路梆子演員王玉山(水上漂)交談

Shang was chatting with Wang Yushan, a well-known actor of Northern Road Bangzi Opera in Shanxi Province who was on a performance tour in Hohhot in 1957.

1957 年尚小雲在太原市戲曲學校與全體師生合影

Shang with the teaching staff and students of Taiyuan Opera School.

1958 年春節剛過，尚小雲率劇團經蘭州、西寧到四川成都、重慶演出；後沿江而下，赴萬縣、宜昌、沙市、武漢、黃石、九江、南昌、株洲、長沙、漢口等地演出。每到一處，晚場必演，時加日場，場場爆滿。同年 10 月返回北京。歷時八個月。

1958 年尚小雲在蘭州與甘肅省省長鄧寶珊(左三)攝於鄧宅

Shang with Deng Baoshan (left 3nd) ,the governor of Gansu Province, in front of Deng's house in Lanzhou.

1958 年尚小雲在蘭州煉油廠工人中

Shang with workers in Lanzhou Oil Refinery in 1958.

1958 年尚小雲與甘肅省老藝人合影

Shang with some old artists in Gansu in 1958.

尚小雲劇團演出說明書

Program with synopsis from Shang Xiaoyun Beijing Opera Troupe.

1958 年尚小雲在四川重慶與中共重慶市委第一書記任白戈（左三），川劇名家張德成（左二）、周慕蓮（右一）等合影
Shang with Ren Baige , the first Party secretary of Chongqing , and two well-known Sichuan Opera actors Zhang Decheng and Zhou Mulian in Chongqing.

1958 年尚小雲在西寧與青海戲曲演員座談後留影
In Xining, Shang with opera actresses from Qinghai in 1958 .

1958 年尚小雲在長沙與各界人士合影
Shang with personalities of various circles in Changsha in 1958.

1958 年，尚小雲演出之暇與夫人在廬山
On a performance tour in 1958, Shang and his wife Wang Ruifang visited Mount Lushan between the shows.

1950年後尚小雲演出地點示意圖
A Sketch Map of Shang's Traveling Shows after 1950
省會、直轄市、自治區首府駐地
市、縣駐地
尚小雲演出地點
伊春
鶴崗
佳木斯
齊齊哈爾
哈爾濱
牡丹江
長春
延吉
四平
二連浩特
瀋陽
撫順
阜新
本溪
錦州
鞍山
營口
大石橋
呼和浩特
集寧
張家口
包頭
沙城
宣化
大同
北京
秦皇島
北戴河
唐山
瓦房店
金州
大連
天津
渤海
烏海
保定
銀川
榆林
石家莊
泊頭
太原
辛集
衡水
德州
淄博
煙臺
榆次
邢臺
南宮
周村
濰坊
西寧
延安
邯鄲
峰峰煤礦
濟南
青島
蘭州
安陽
兗州
固原
臨汾
新鄉
濟寧
滕縣
棗莊
蒲城
連雲港
黃海
寶鷄
咸陽
三門峽
洛陽
鄭州
開封
商丘
徐州
興平
西安
渭南
漢中
南陽
蚌埠
揚州
西鄉
安康
信陽
合肥
南京
常州
鎮江
無錫
上海
蘇州
綿陽
蕪湖
嘉興
新繁
萬縣
宜昌
武漢
成都
沙市
杭州
黃石
九江
金華
東海
樂山
重慶
南昌
上饒
西昌
宜賓
長沙
懷化
株洲
遵義
冷水江
萍鄉
吉安
南平
福州
六盤水
貴陽
基隆
臺北
龍岩
泉州
昆明
桂林
韶關
梅州
廈門
臺中
潮州
臺南
箇舊
南寧
廣州
深圳
香港
茂名
澳門
湛江

八　第二故鄉

Ⅷ. The Second Hometown

20世紀50年代末的尚小雲

Shang at the end of 1950s.

1951年12月，尚小雲率團在西安演出之暇遊覽華清池

Shang and his troupe in the Huaqing Hot Spring between the shows during their stay in Xi'an in Dec. 1951.

1959年元月，尚小雲等到達西安，在車站受到熱烈歡迎(前排左起：馬健翎、尚小雲、徐碧雲、羅明)

Shang met a warm welcome in the railway station on arriving Xi'an in Jan 1959.

1951年底，尚小雲首次赴西安演出，受到各界熱烈歡迎。1957年，尚小雲第二次到西安演出，盛况如前。在與陝西文藝界及戲曲同行的廣泛接觸中，尚小雲對西北地區戲曲及其教育事業的發展極爲關注。同時，古城的民俗風情、人文歷史深得其會心，不知不覺間與古城結下了不解的情緣。

1959年元月6日，應陝西各界盛情相邀，尚小雲赴西安落户。西安從此成爲尚小雲的第二故鄉。

尚小雲到陝西後，主要從事課徒傳藝和教學工作，同時堅持創作、演出，對保留劇目不斷完善，並積極排演新編古代劇和現代戲。

1959年7月，尚小雲邀請正在西安巡迴演出的著名老生奚嘯伯同臺演出傳統劇目《御碑亭》。

《御碑亭》演出結束後謝幕

Answering the curtain call at the end of "The Pavilion of Royal Monument".

陝西省省長趙壽山（右一）、副省長趙伯平（左一）祝賀演出成功

Upon a successful performance, Shang was congratulated by Zhao Shoushan (right 1st) the governor and Zhao Boping (left 1st) the vice-governor of Shaanxi Province.

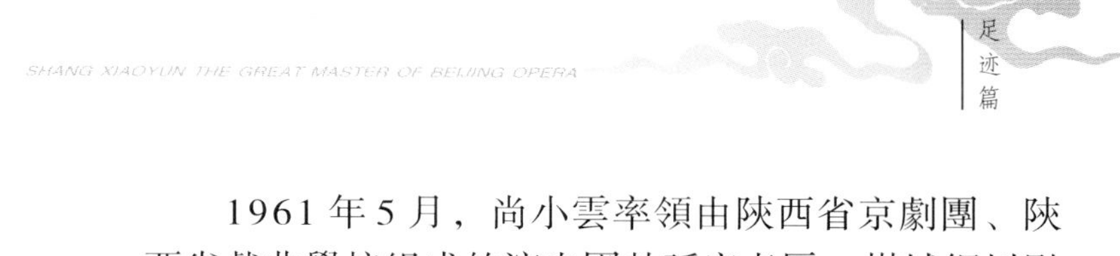

1961 年尚小雲在延安中央大禮堂舊址前
Shang in front of the Central Grand Auditorium in Yan'an in 1961.

1961 年 5 月，尚小雲率領由陝西省京劇團、陝西省戲曲學校組成的演出團赴延安老區、煤城銅川慰問演出，僅在銅川一地就演出十多場。他對《梁紅玉》、《乾坤福壽鏡》、《漢明妃》等尚派劇目邊改邊演，陝西觀衆好評如潮。

尚小雲歷來注重與各地方劇種各行當演員的交流，努力從中汲取養料。他對陝西地方戲曲十分贊賞。早在 20 世紀 30 年代，秦腔著名演員王天民在北京出演《頤和園》一劇主角賽金花，尚小雲得知他需要服裝，就帶着剛剛上演的《摩登伽女》的全套服飾趕到後臺，親自爲王天民化妝。

尚小雲擔任陝西省戲曲學校藝術總指導後，一方面從兄弟劇種中取長補短，不斷充實提高自己的演技；一方面將自己的表演體會毫無保留地傳授給兄弟劇種的青年演員，爲陝西乃至西北戲曲事業的發展做了大量工作。

1960 年 3 月尚小雲在陝西省文化藝術學校授課後與師生合影
Shang with the teachers and students of Shaanxi Provincial Culture and Art School after giving them a lecture in March 1960.

1960 年秋赴陝演出的甘肅省京劇團青年演員向尚小雲學習《昭君出塞》、《打青龍》等戲後合影（左起：劉美華、張薇莉、張麗君、尚小雲、葛小鳳、陸淑綺、黎瓊）
A photo taken with young actresses from Gansu Provincial Beijing Opera Troupe after coaching them “Zhaojun Goes Out of the Pass” and “Beating the Green Dragon”in Shaanxi in autumn 1960.

尚小雲與陝西省戲曲學校師生在西安草灘農場勞動
Shang was doing manual labour with the teachers and students from Shaanxi Provincial Opera School on Caotan Farm, Xi'an.

尚小雲與陝西地方劇種的青年演員在一起
Shang with young actors and actresses from Shaanxi local operas.

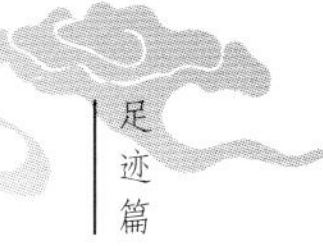

1963年6月侯喜瑞（前排中）應尚小雲之邀赴陝講學合影

A photo taken with Hou Xirui (front middle) after his lecture in Shaanxi at the invitation of Shang.

1965年5月尚小雲等代表陝西省京劇院歡迎陝西省戲曲學校京劇班畢業生

Shang gave a warm welcome to the graduates from Shaanxi Provincial Opera School on behalf of Shaanxi Provincial Beijing Opera Troupe in May 1965.

1959年9月，尚小雲編演《雙陽公主》，晋京參加慶祝中華人民共和國建國10周年獻禮演出。這齣戲係尚小雲根據京劇傳統劇目《珍珠烈火旗》、陝西同州梆子傳統劇目《雙陽反延安》以及秦腔同類題材劇目改編而成，是他晚年的代表作。

《雙陽公主》，尚小雲飾雙陽公主

Shang as Princess Shuangyang in "Princess Shuangyang".

1961年8月，陝西省戲曲學校同州梆子班組成陝西省同州梆子實習演出團，由尚小雲任副團長，赴京演出《破寧國》、《石佛口》、《轅門斬子》等戲，受到首都戲劇界、評論界的贊譽。梅蘭芳連續七次觀看演出，並在《人民日報》發表文章給予好評。

尚小雲與陝西省同州梆子實習演出團成員在北京人民大會堂

Shang with the members of Shaanxi Tongzhou Bangzi Practice Troupe in the Great Hall of the People in Beijing.

尚小雲與梅蘭芳等觀看陝西省同州梆子實習演出團演出後與演員合影(中排左三袁世海、左六尚小雲、左七梅蘭芳、右二徐蘭沅)

Shang and Mei Lanfang with the actors and actresses after watching the performance of Shaanxi Tongzhou Bangzi Practice Troupe.

1962年9月，陝西省乾縣弦板腔劇團負責人及主要演職人員拜訪尚小雲

In Sep. 1962, the leaders and major performers from Xianban Opera Troupe of Qianxian County, Shaanxi Province paid a visit to Shang .

尚小雲對陝西弦板腔青年演員傾心教誨，多次指導。1962年8月，他在觀看了由陝西省乾縣弦板腔劇團演出的《取桂陽》一劇後連夜撰文《引人入勝的弦板腔藝術》，對其在唱腔、表演、舞臺美術、音樂等方面的提高給予熱情贊揚。

1961年12月2日，中共陝西省委宣傳部、陝西省文化廳在西安人民大厦禮堂召開"尚小雲收徒傳藝大會"，李瑞芳、馬藍魚、郝彩鳳、齊海棠、王玲玉、姚月紅、邢鳳雲等京劇、阿宫、碗碗、弦板、郿鄠、秦腔、豫劇、評劇、越劇9個劇種，西安、富平、大荔、乾縣等地11個文藝團體計35人正式拜尚小雲爲師。

秦腔演員馬藍魚拜尚小雲爲師

Ma Lanyu,a Shaanxi Opera actress, formally acknowledged Shang as her master.

收徒傳藝大會後，尚小雲與夫人等與弟子們在一起

Shang and his wife with Shang's disciples after the disciple admission ceremony.

尚小雲與弟子們親切交談
Shang with his disciples in his house.

尚小雲夫婦與京劇弟子
Shang and his wife with his disciples of Beijing Opera.

尚小雲與評劇弟子
Shang with his Pingju Opera disciples.

1964年元月，陝西省京劇院成立，尚小雲任首任院長。同年6月，由尚小雲任藝術總指導的現代戲《延安軍民》赴京參加全國京劇現代戲會演。

《延安軍民》劇照

Stage photo of "Soldiers and Civilians in Yan'an".

1964年6月,郭沫若等觀看《延安軍民》演出後與劇組成員合影(後排左八沈雁冰、左十郭沫若、右十周揚、右七老舍、右五尚小雲)

Guo Moruo and others with members of the performing group after "Soldiers and Civilians in Yan'an" in Jun. 1964. (In the backrow, left 8th is Shen Yanbin, left 10th is Guo Moruo, right 10th is Zhou Yang, right 7th is Lao She and right 5th is Shang.)

1961年9月，中央文化部批覆同意陝西省文化局關於拍攝《尚小雲舞臺藝術》彩色影片的報告。經陝西省文化局、西安電影製片廠攝製組與尚小雲多次研究，最終選定了《乾坤福壽鏡》中的《失子驚瘋》和《漢明妃》中的《昭君出塞》兩齣戲。

拍攝前，尚小雲對兩劇劇本作了删改，以求明晰緊凑；在唱腔、表演、服飾、化妝方面仔細推敲；與攝製組配合，充分運用電影藝術的表現手段，以使舞臺表演的精華通過鏡頭得到更爲完美的展示。尚小雲之子尚長春、尚長麟、尚長榮在影片中扮演了角色。1962年該片攝製完成。翌年在全國放映。

該片拍完，原擬再拍兩齣戲。時值國家經濟困難，經費無着，只能寄希望於日後。不久，“文化大革命”開始，拍片計劃遂成泡影。而這部《尚小雲舞臺藝術》亦成爲尚小雲惟一傳世的舞臺表演影像資料。

排練一
Rehearsal one.

試鏡頭一
Screen test one.

排練二
Rehearsal two.

試鏡頭二
Screen test two.

■《昭君出塞》，尚小雲飾王昭君

Shang as Wang Zhaojun in "Zhaojun Goes Out of the Pass".

《失子驚瘋》，尚小雲飾胡氏

Shang as Hu Shi in "Insane by Losing Her Son".

《昭君出塞》，尚長春飾馬童
Shang Changchun as Matong in "Zhaojun Goes Out of the Pass".

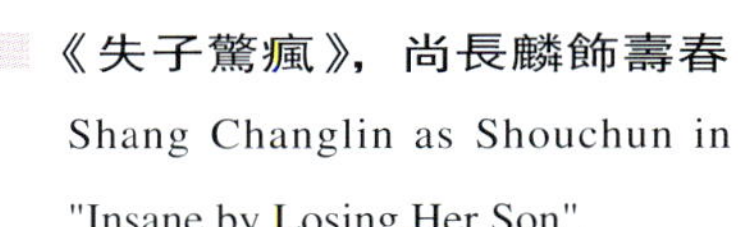

《失子驚瘋》，尚長麟飾壽春
Shang Changlin as Shouchun in "Insane by Losing Her Son".

《失子驚瘋》，尚長榮飾金眼豹
Shang Changrong as Jinyanbao in "Insane by Losing Her Son".

《失子驚瘋》，方英培飾林鶴，田榮芬飾琴音
Fang Yingpei as Lin He and Tian Rongfen as Qinyin in "Insane by Losing Her Son".

《昭君出塞》，蕭盛萱飾王龍
Shang as Wang Zhaojun and Xiao Shengxuan as Wang Long in "Zhaojun Goes Out of the Pass".

劇組全體成員合影
All members of the performing group.

京劇大師

尚小雲

成就篇

尚小雲早年以“鐵嗓鋼喉”享譽舞臺，被視爲正工青衣的上佳人才。在數十年的藝術生涯中，他廣泛吸收各家所長，豐富自身表演手段，開拓表演内涵，突破了傳統青衣行當的表現局限，確立了自己的表演風格，同時也拓展了京劇旦行的表現空間。

20世紀50年代以後，尚小雲的藝術達到了更高境界。他將《漢明妃》、《梁紅玉》、《乾坤福壽鏡》、《銀屏公主》、《墨黛》等劇目作了精益求精的加工提高，同時對傳統戲《御碑亭》、《虹霓關》、《打漁殺家》、《武家坡》等劇目進行了鍥而不捨的精心琢磨。這些劇目，不僅代表着尚派藝術的風格特色，而且與梅、程、荀的傳世名作一樣，至今代表着京劇旦角藝術所達到的最高水平。

ACHIEVEMENTS

Famed for his " voice as sound as steel " in early years, Shang was regarded as the optimistic actor for the role of qingyi, or female of the demure type. During several decades of stage art career, he extensively absorbed strong points from various schools in the circle, enriching his acting means and exploring the performance contents, breaking through the limit of traditional qingyi. Thus he established his own acting style and at the same time enlarged the expression space for the dan roles in Beijing Opera.

From the 1950s, his art reached a higher standard. By delicate refining, he improved the pieces such as "Concubine Mingfei of Han", "Liang Hongyu", " Qiankun Mirror", "Princess Yinping" and "Modai", etc. At the same time, he polished carefully traditional pieces as "The Pavilion of Royal Monument", "Rainbow Pass", "The Fisherman's Revenge", "Wujia Po", and so on. These pieces do not only represent his unique style, but also, together with the everlasting master pieces from Mei Lanfang, Cheng Yanqiu and Xun Huisheng, represent the highest level of dan role in the Opera up till today.

《雙陽公主》之雙陽公主（1959年）
Shang as Princess Shuangyang in "Princess Shuangyang" in 1959.

《漢明妃》之王昭君(1960 年)
Shang as Wang Zhaojun in "Concubine Mingfei of Han" in 1960.

《御碑亭》之孟月華(右) (1958 年)
Shang as Meng Yuehua (right) in "The Pavilion of Royal Monument" in 1958.

《武家坡》之王寶釧 (1962 年)
Shang as Wang Baochuan in "Wujia Po" (also as "Wu Chia Po") in 1962.

《梁紅玉》之梁紅玉 (1962 年)
Shang as Liang Hongyu in "Liang Hongyu" in 1962.

一 大師風範

Ⅰ. The Great Master

20 世紀 40 年代的尚小雲

Shang in the 1940s.

尚小雲作爲京劇表演藝術大師，有着極爲堅實的京劇傳統表演功底。在"四大名旦"中，尚小雲具體而直接地保持了京劇旦行表演的傳統規範。他在旦行各分支行當上都有相當造詣，對青衣、閨門旦、刀馬旦、花旦均能勝任愉快。他所編演的新劇，往往一角身兼數行，允文允武，有時還要反串。然而，在每一分支行當的表演中，他又恪守傳統，堅持行當特徵。

同時，尚小雲在實踐中不斷積累經驗，逐步形成了自己的表演觀念，并以此爲動機，不斷創造、完善着自己的表演。

尚小雲不遺餘力地從事劇目建設。劇目是表演觀念與表演方式的整體顯示，因而劇目建設是一個劇種、一個流派存在、發展的關鍵。尚小雲在表現觀念上對京劇旦行進行了大幅度的提升，在以往京劇旦行（青衣）表現"貞靜節烈"的基調上，從"烈"之一端引發了"俠"、"義"、"剛"、"健"等内涵，實際上隱含着對傳統婦女道德評價觀念的批判，因而更具時代意義。這一觀念的提升，使京劇旦角（青衣）一行的表現力大大增强，從而奠定了尚小雲作爲現代京劇藝術大師的精神基礎。

尚小雲尊重傳統，又不爲傳統所束縛；善于突破窠臼，創前所未有之舉。尚小雲在舞臺實踐中，對表現對象如人物特徵、情感方式以及表現手段如唱念做舞的一般技巧、服飾、化妝、佈景等整個舞臺體系都進行了大規模創造性的實驗，取得了令人矚目的成就。其藝術實踐，是現代京劇發展的一個重要組成部分，也是現代京劇發展的走向之一。

（一）鐵嗓鋼喉

Steel Sound Voice

尚小雲出科以後，先後從孫怡雲、張芷荃學，又得益於陳德霖，并從王瑶卿、路三寶學花旦戲，隨李壽山、陸金桂等學崑曲。所從師者，均爲老成典型。因之早年即爲文武崑亂不擋的出色旦角。而以其青衣戲最爲觀衆認可，被公認爲"青衣正宗"。

20 世紀 30 年代尚小雲在家中

Shang at home in the 1930s.

尚小雲天賦極佳。其嗓音寬量，扮相俊美，身材適宜。尤以中氣充沛、調門高亢、久唱不衰爲難能可貴。由於其嗓音高勁圓亮，以剛爲主，很適宜傳統青衣的唱法，因而早年初搭各班，以“二祭”——《祭江》、《祭塔》及《玉堂春》、《四郎探母》等唱工繁巨之青衣戲享名於時，有“鐵嗓鋼喉”之譽。

《斷橋》之白娘子
Shang as Bai Suzhen in "The Broken Bridge".

《祭塔》之白娘子
Shang as Bai Suzhen in "Mourning under the Pagoda" (*Ji Ta*).

《新玉堂春》之蘇三
Shang as Su San in "New Story of Su San".

尚小雲在《四郎探母》中飾鐵鏡公主時穿過的旗蟒

Stage costume *Qi Mang* worn by Shang as Princess Tiejing in "Silang Visits His Mother". *Qi Mang*, or *Mang Pao*, is formerly an official costume of ministers decorated with gold-thread boa constrictor designs.

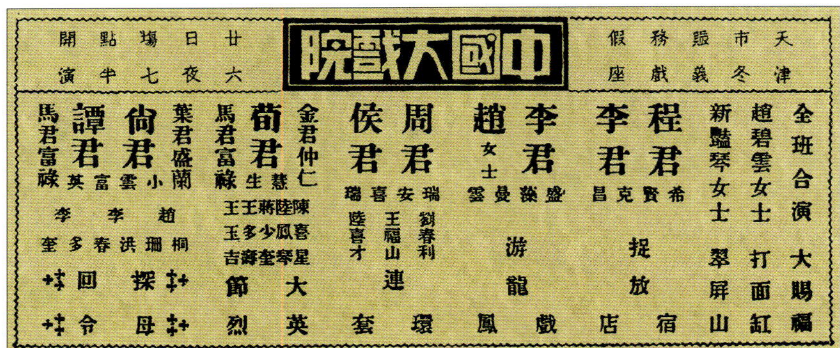

中國大戲院

天津市冬賑義務戲假座

廿六日夜場七點半開演

全班合演 大賜福

趙碧雲女士 打面缸

新豔琴女士 翠屏山

程君希賢 李君克昌 捉放宿店

李君盛藻 趙女士曼雲 游龍戲鳳

周君瑞安 侯君喜瑞 劉春利 王福山 陸喜才 連環套

金君仲仁 荀君慧生 馬君富祿 陳喜星 陸鳳琴 蔣少奎 王多壽 王玉吉 大英節烈

葉君盛蘭 尚君小雲 譚君富英 馬君富祿 趙桐珊 李洪春 李多奎 探母回令

尚小雲早年與譚富英等在天津合演《四郎探母》（飾鐵鏡公主）之戲單

The program of "Silang Visits His Mother" jointly performed by Shang , Tan Fuying and some others in Tianjin in Shang's early years.

《四郎探母·盗令》，尚小雲飾蕭太后

Shang as Queen Dowager Xiao in "Stealing the Arrow of Authority", a part from "Silang Visits His Mother".

青衣一行，傳統上多演“貞節烈女”，故其唱法不僅要求清亮嬌脆，還須有陽剛噴薄之音。自胡喜禄開創陰柔一路唱法以後，陽剛一路漸有不敵之勢。而孫怡雲、陳德霖等均准老派，以陽剛爲勝。尤以陳德霖，繼承了陽剛一派的優點，同時講究剛柔兼濟，開創了青衣一行新的演唱格局。

在演唱上，尚小雲直接繼承了陽剛一派的傳統，早期恪守傳統青衣“口緊字鬆”的唱法，其後受陳德霖影響，於剛健中寓以婀娜，形成了自己的風格。他的發音上抗下墜，對比鮮明，注重氣勢，顯示縱横捭闔、拔險攻堅的剛勁之美。傳統青衣“節節高”的唱法，在他能舉重若輕。其大段唱工，如《彩樓配》、《虹霓關》的西皮慢三眼，唱來一氣呵成，如騰蛟起鳳，大氣磅礴。尚小雲在唱工中，不但不像後來旦角每每减少詞句，有時還按老派唱法增多唱詞。如《玉堂春》，一般在“驚動鄉約和地保”後面，即接“拉拉扯扯到了公庭”，他却接上“一旁又來了兩個官人，一個拉來一個扯”，然後才接“拉拉扯扯”一句。

在對傳統行當的態度上，尚小雲與“四大名旦”中其他幾位有所不同。和他們一樣，尚小雲在京劇旦行各領域都有所涉足，無論青衣、花旦、刀馬甚至武旦，都能勝任愉快。但尚小雲并不致力於打破這些行當的表演界限，而是在每一個特殊環境下，都以不同的行當適應表演的需要。

在《四郎探母》中，尚小雲早年演公主，後來又演太后，他恪守行當規範，公主以旗裝花衫應工，而太后則完全是青衣典型。《盜令》一折，蕭太后的唱法有兩種路子，陳德霖是唱“悶簾【導板】”後上場，下句接唱【慢板】；孫怡雲的路子是不唱【導板】，而在【慢長錘】鑼鼓中出場唱【慢板】。尚派演法繼承了孫怡雲的路數，却又參照陳的唱法，唱得别開生面，成爲後來演唱此角的典範。

另外，如《乾坤福壽鏡》一劇，尚小雲或演壽春，或演胡氏，也是這樣處理。全部《紅鬃烈馬》，尚小雲《武家坡》演王寶釧，《大登殿》則演代戰公主，亦是青衣、花衫分明，决不含混。其改編創排之《雷峰塔》，雖一人演白娘子到底，但於每一折中，按場上角色的實際狀況，以閨門旦、刀馬旦、青衣三個行當，涇渭分明地嚴格區分開來。這只有對於行當表演手段得心應手者才能做到。

《乾坤福壽鏡》，尚小雲飾胡氏

Shang as Hu Shi in "Qiankun Mirror".

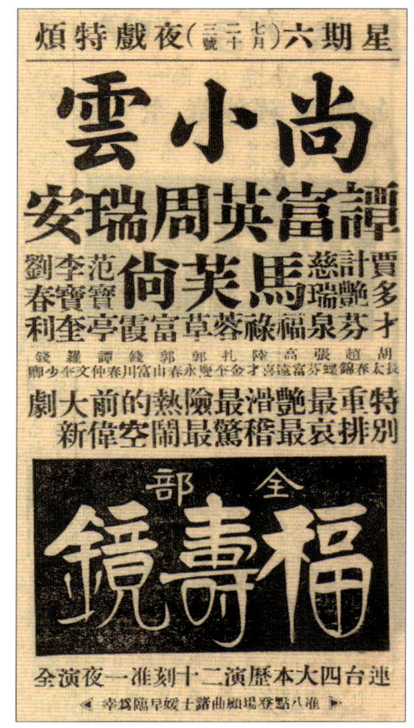

《乾坤福壽鏡》在京演出之戲報

The poster of "Qiankun Mirror" in Beijing.

《乾坤福壽鏡》，尚小雲飾壽春

Shang as Shouchun in "Qiankun Mirror".

從不同時期的《金山寺》劇照中不難看出尚小雲身段表演的典範性。

《金山寺》之白娘子（1930 年）

From the stage photos of Shang in "Jinshan Temple" in different times, it is easy to find his uniqueness in posture performance. This is the one in 1930.

■《金山寺》之白娘子（20世紀50年代）
Shang as Bai Suzhen in "Jinshan Temple" in the 1950s.

《金山寺》之白娘子(20 世紀 40 年代)
Shang as Bai Suzhen in "Jinshan Temple" in the 1940s.

《紅鬃烈馬・大登殿》，尚小雲飾代戰公主
Shang as Princess Daizhan in the part "Coming to the Throne" from

《紅鬃烈馬・銀空山》，尚小雲飾代戰公主，尚富霞飾高思繼
Shang as Princess Daizhan and Shang Fuxia as Gao Siji in "Mount Yinkong ", a part from "The Red-haired Savage Horse".

《紅鬃烈馬・大登殿》，尚小雲飾代戰公主

Shang as Princess Daizhan in "Coming to the Throne", a part of "The Red-haired Savage Horse".

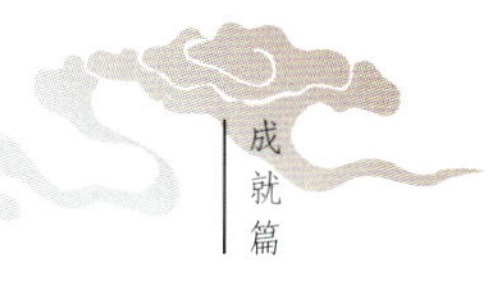

《紅鬃烈馬·武家坡》，尚小雲飾王寶釧，方英培飾薛平貴

Shang as Wang Baochuan and Fang Yingpei as Xue Pinggui in "Wujia Po", a part from "The Red-haired Savage Horse".

20 世紀 30 年代，尚小雲在新編劇目上演的同時，也着力於創造新的唱腔。尚派唱腔的特點，講究攻堅碰硬，都以實音、真力轉折，決不稍懈；同時以板頭的變化運用，打破唱腔的固定節奏，展示唱腔的豐富内涵；又以斬釘截鐵的斷和錯綜有力的頓挫使唱腔錯落有致，往往在平易簡約、堅實整齊中呈現峭險之處，顯得力透紙背。而其快板、流水以及散板等處，則表現爲酣暢淋漓，滿紙雲烟，和專尚纖巧者不同。如《秦良玉》二黄原板“桃花馬請長纓”一句，就是明顯的例子。

尚小雲的念白，不單以韵白取勝，其京白尤爲膾炙人口。其韵白，遵循傳統念法爲主，又根據角色感情變化而設計語氣。尚小雲在念白中，多借鑒楊小樓的念法，將之化爲己用。每從語氣變化中换氣口，一語未完，下即轉移，字句之間的過渡似斷實連，而落音處極爲乾脆。如《卓文君》，當司馬相如念到“我是裝龍像龍，裝虎像虎”，文君答以“我是嫁鷄隨鷄，嫁狗隨狗”，言下眉飛色舞，聲容並茂，形容少年夫妻新婚的愛情，真是駘蕩春風。尚小雲的京白戲，得力於王瑶卿，而較爲真率。其京白戲，除一般旦角都演的《四郎探母》、《樊江關》、《穆柯寨》外，尤以《十三妹》（飾何玉鳳）、《巴駱和》（飾馬金定）等爲代表，言語爽朗，感情洋溢。

尚小雲在《秦良玉》中飾秦良玉

Shang as Qin Liangyu in "Qin Liangyu".

《十三妹》，尚小雲飾何玉鳳，尚富霞飾安驥

Shang as He Yufeng and Shang Fuxia as An Ji in "The Thirteenth Sisiter".

《十三妹》，尚小雲飾何玉鳳
Shang as He Yufeng and Shang Fuxia as An Ji in "The Thirteenth Sisiter".

《卓文君》，尚小雲飾卓文君，尚富霞飾司馬相如
Shang as Zhuo Wenjun and Shang Fuxia as Sima Xiangru in "Zhuo Wenjun".

（二）面面俱全

Versatile

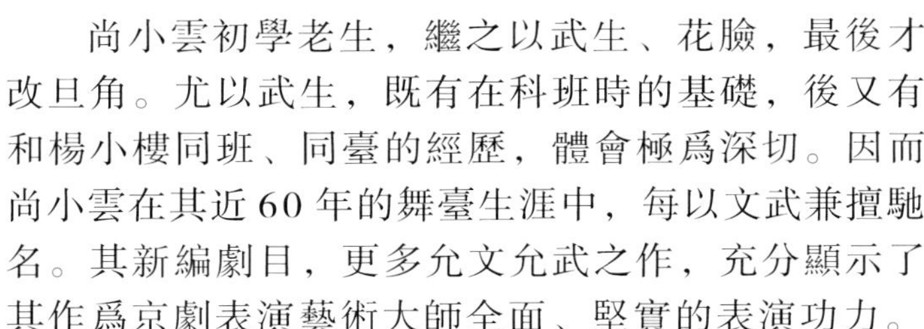

尚小雲初學老生，繼之以武生、花臉，最後才改旦角。尤以武生，既有在科班時的基礎，後又有和楊小樓同班、同臺的經歷，體會極爲深切。因而尚小雲在其近60年的舞臺生涯中，每以文武兼擅馳名。其新編劇目，更多允文允武之作，充分顯示了其作爲京劇表演藝術大師全面、堅實的表演功力。

尚派的做工身段，如跑圓場等，能越跑越圓，有前激後蕩之勢，起落準確，跬步不失。舞蹈身段，如《御碑亭》中表現孟月華回家途中遇雨，泥濘難行，尚小雲用了三個滑步：先是前栽，表現在泥濘中快行難以站穩；接着是後仰，脚下一滑，幾乎坐地；最後終於失去平衡，兩腿前伸從舞臺一角滑向另一角。三步緊緊相連，被稱爲“尚氏三滑步”，在舞蹈藝術中而有真實生活的感受，至今膾炙人口。

《御碑亭》，尚小雲飾孟月華

Shang as Meng Yuehua in "The Pavilion of Royal Monument".

《雙陽公主》，尚小雲飾雙陽公主

Shang as Princess Shuangyang in "Princess Shuangyang".

尚派做工身段，往往是誇大性的，身段幅度較大。如《玉堂春》的蘇三聽到要用刑，心中驚懼，咬着髮綹從所跪之處躍起摔一“座子”，節奏快而火熾，其勁頭純以剛健爲主。

尚小雲的武功，在“四大名旦”中獨樹一幟，最爲人稱道。每舉手投足間，矯健非常。其《湘江會》、《戰金山》以及後來編演的《秦良玉》等戲的開打，在美觀中又別饒一種威猛氣概。

“四大名旦”如梅蘭芳、程硯秋的新戲中，安排打法，一般是槍爲主。而尚小雲在《秦良玉》一戲中，却有用大刀。梅、程班中打把子的下串，雖然都是好角，但并非都以武見長。如梅蘭芳用劉連榮，程硯秋用侯喜瑞，都是架子花臉。而尚小雲却用武花臉范寶亭。這就工力悉敵、各見功夫了。

尚小雲的紥靠戲，與楊小樓、錢金福等有同樣的優點：旗不亂、靠不掀、翎子不倒，在京劇武打表演中具有典範性。其晚年演出《雙陽公主》，在這些地方更具老成典型。

《雙陽公主》，尚小雲飾雙陽公主，姬永周飾狄青
Shang as Princess Shuangyang and Ji Yongzhou as Di Qing in "Princess Shuangyang".

《雙陽公主》，尚小雲飾雙陽公主
Shang as Princess Shuangyang in "Princess Shuangyang".

《雙陽公主》，尚小雲飾雙陽公主，宋玉慶飾老樵夫
Shang as Princess Shuangyang and Song Yuqing as the old woodman in "Princess Shuangyang".

■《秦良玉》，尚小雲飾秦良玉
Shang as Qin Liangyu in "Qin Liangyu".

尚小雲與楊小樓數度合作《湘江會》，而在起打中相得益彰，就足見尚小雲的功力。旦角武打身段，不像淨行及武生站“大蹲襠式”，只是兩腿略弓的“女騎馬式”，蹲式幅度小，易搖晃或站不住。而尚小雲在《湘江會》對槍打完“大掃琉璃燈”以後的掏翎挫腰騎馬式亮相，却如錦傘花墩，紋絲不動，極見精彩。

《秦良玉》一劇，范寶亭飾闖塌天，被挑下馬後就地兩滾，動作飛快；而尚小雲扮演的秦良玉，要在鑼鼓中立即將之刺死。這一身段不僅要快，還要分清一個在馬上、一個已墜馬，其間分寸頗難把握。而尚、范二人此處如鷩蛇入壑，絲絲入扣，火熾而驚險。

《十三妹》，尚小雲飾何玉鳳
Shang as He Yufeng in "The Thirteenth Sister".

尚小雲的短打戲，如《能仁寺》何玉鳳的奪刀、《巴駱和》馬金定的耍大杠子，都深具家法。《十三妹》中，尚小雲在上馬、圓場、亮相、踩泥等動作中融入了武生的身段。

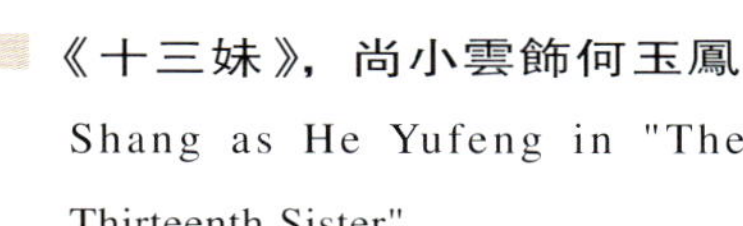

《十三妹》，尚小雲飾何玉鳳

Shang as He Yufeng in "The Thirteenth Sister".

《十三妹》，尚小雲飾何玉鳳

Shang as He Yufeng in "The Thirteenth Sister".

《相思寨》，尚小雲飾雲鞸娘

Shang as Maiden Yunduo in "Xiangsi Village".

舞蹈是京劇旦行在20世紀30年代初發展起來的表演手段。尚小雲在其新編劇中，也作了可貴的探索。如《紅綃》、《林四娘》中的劍舞，《婕妤當熊》中的扇舞，《相思寨》中的即席跳舞作歌等。尤以《摩登伽女》中首創化用蘇格蘭舞及夏威夷呼啦舞，爲豐富京劇表演手段作出了重要貢獻。

尚小雲除本行旦角以外，在反串戲及喬裝戲中，都展示了其文武全才、各行皆能的藝術功底。如其反串《八蜡廟》黃天霸，按武生演法，一絲不苟。又如演《翠屏山》石秀，“酒樓耍刀”及“殺僧”兩場，酒氣熏蒸，滿面煞氣，在【花梆子】中耍六合刀，敏銳絕倫，縱身幾個“蹦子”，掄刀下劈，其氣勢之迅捷，便一般專演小生者，亦爲之退避三舍。

■《雁門關》，尚小雲飾楊延順（八郎）

Shang as Yang Yanshun (*Balang*) in "Yanmen Pass".

《英雄義》，尚小雲飾武松(右)
Shang as Wu Song (right) in "Code of Brotherhood".

《牡丹亭・拾畫叫畫》，尚小雲飾柳夢梅
Shang as Liu Mengmei in "Appreciating the Portrait of Du Liniang", a part from "The Peony Pavilion".

《青石山》，尚小雲飾關平（左）
Shang as Guan Ping (left) in "Mount Qingshi".

（三）新戲舊劇

Opera Pieces Old and New

《秦良玉》，尚小雲飾秦良玉

Shang as Qin Liangyu in "Qin Liangyu".

作爲京劇表演藝術大師，尚小雲在劇目建設上投入了相當的精力。

劇目，是舞臺表演中綰合了主觀與客觀的整體顯示。它不僅包含了一般被稱爲“劇本”的劇目文本，更重要的，是包含了作爲舞臺存在的表演方式，包括演員表演、舞臺佈景、服飾化妝等等。一個劇種、一個流派的存在與發展，與劇目建設有着密不可分的聯係。

尚小雲的劇目建設在京劇史上有着重要的意義。

首先，在表現觀念上打破了以往京劇旦行（青衣）專門講究“貞靜節烈”的道德評判標準，以極富時代意義的“俠”、“義”、“剛”、“健”等内涵從更廣闊的層面關注婦女的生存、生活價值。尚小雲的這一嘗試，大大增强了京劇旦角（青衣）一行的表現力，拓展了京劇旦行的表現空間。這是尚小雲能够步入“四大名旦”的主要原因。

其次，尚小雲在劇目内容上大膽採取少數民族及域外生活爲背景，這是京劇史上的首創，對拓展京劇表現力進行了可貴的探索。

再次，尚小雲在新劇的排演中，大規模使用佈景。並參照歷史、民族服飾的實物，改革舞臺服裝及化妝，對舞臺的整體形象改革作了嘗試。

在新劇《秦良玉》中，尚小雲飾秦良玉。他把武生動作用於表演之中，舞一把大刀，仿照清代戎裝對服飾作了大膽修改。此劇文唱武做，分量繁重。尚小雲演來剛柔相濟，舉重若輕。

■《秦良玉》，尚小雲飾秦良玉

Shang as Qin Liangyu in "Qin Liangyu".

《新玉堂春》，尚小雲飾蘇三

Shang as Su San in "New Story of Su San".

在劇目建設中，尚小雲也遵循一般的規律，同時進行傳統劇目的加工及新編劇目的生産。對於傳統戲，尚小雲或增頭加尾，或連綴折子戲，或删繁剔冗，以使主題突出，情節完整，人物鮮明。這一做法是符合戲劇特徵的。他曾改編演出了《玉堂春》、《十三妹》、《梅玉配》、《詹淑娟》、《天河配》、《雷峰塔》、《春秋配》、《乾坤福壽鏡》等數十個傳統劇目。

而對於新編劇目的排演，尚小雲根據自己文武並儷、各行皆工的特長精心創造，在唱腔、扮相、表演、佈景等各方面都進行了一系列的探索和創造，極大地豐富了京劇舞臺。

1925年11月15日，尚小雲在三慶園上演了由清逸居士改編的《玉堂春》。此劇以傳統劇目“起解”、“會審”爲基礎，增益首尾，從“探院”、“廟會”到“起解”、“會審”、“探監”、“宿店”直至“佳期團圓”，名爲《新玉堂春》。

《新玉堂春》在上海演出之戲報

The poster of "New Story of Su San" in Shanghai.

1926年7月3日，尚小雲在明星戲院首演《雷峰塔》(一名《白蛇傳》)。此劇根據崑曲《降香水門》及京劇《祭塔》改編而成，分爲“水漫金山”、“斷橋相會”、“産子梳妝”、“合鉢降妖”、“祭塔團圓”五段。尚小雲飾白娘子,雖唱工繁重，却能得心應手，一氣呵成。

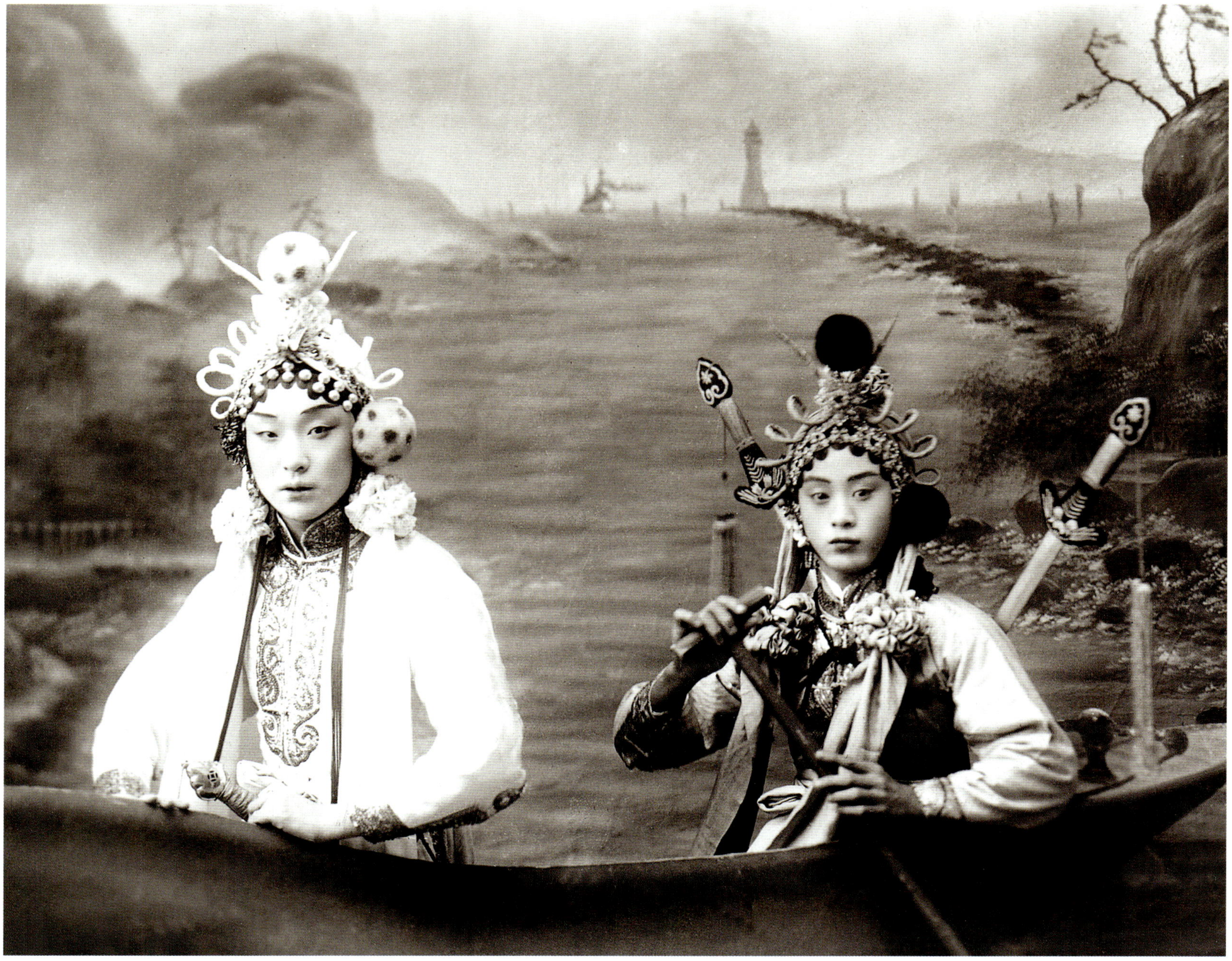

《雷峰塔》，尚小雲飾白娘子

Shang as Bai Suzhen in "Leifeng Pagoda".

初七晚准演

特煩尚馬二藝員及全體藝員新排內廷秘本文武傑構第一名劇

特別改良全部

新雷峰塔

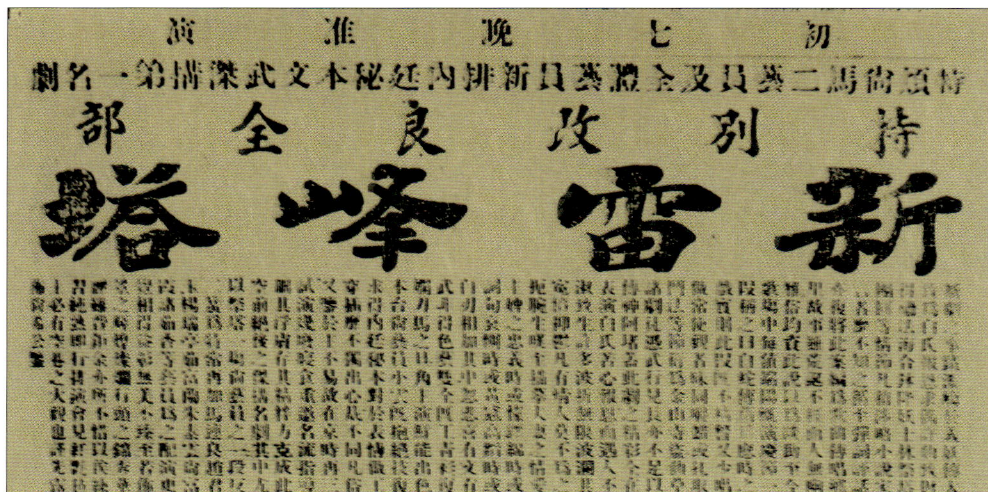

《雷峰塔》在上海演出之戲報

The poster of "Leifeng Pagoda" in Shanghai.

《雷峰塔》，尚小雲飾白娘子

Shang as Bai Suzhen in "Leifeng Pagoda".

└《漢明妃》，尚小雲飾王昭君，高富遠飾番兵

Shang as Wang Zhaojun and Gao Fuyuan as the foreign soldier in "Concubine Mingfei of Han".

《漢明妃》是尚小雲久演不衰的代表劇目之一。1935年元月24日與王鳳卿、張雲溪、尚富霞、慈瑞全等首演於華樂戲院。尚小雲在演出中注重刻畫王昭君的思想感情，以纏綿悱惻的演唱和優美的舞蹈增强了這齣戲的藝術感染力，突出地表現了愛國精神，使王昭君的形象更加雍容秀美、豐滿生動。

黃金大戲院
芙蓉草
尚小雲
張雲溪
周嘯天
尚富霞
適合觀衆需要！實行新的政策！每星期內祇演五天！
後天夜戲
張 周 芙
雲溪 嘯天 芙蓉草
兩將軍 慶頂珠
尚小雲
全部漢明妃
劇目：
星期四日夜戲
芙蓉草 尚小雲 張雲溪
全部新五花洞
范寶亭 尚富霞 尚小雲 何雅秋 孫盛武
◀全本新珍珠扇▶

《漢明妃》在上海演出之戲報

The program with synopsis of "Concubine Mingfei of Han" in Shanghai.

《漢明妃》，尚小雲飾王昭君，田榮芬飾王龍，錢榮順飾馬童，李喜鴻飾女兵

In "Concubine Mingfei of Han", Shang as Wang Zhaojun, Tian Rongfen as Wang Long, Qian Rongshun as Ma Tong and Li Xihong as the woman soldier.

尚小雲劇團出演

全部漢明妃

說明

漢元帝時，正宮不育，下召大選天下美女為嬪妃。岳州太守王朝珊之女昭君，名嬙，長得國色天香，儀容絕美。元帝聞知，即派畫工毛延壽描取昭君真容。彼時政治昏暗萬分，上昏下貪，毛亦並不例外，至岳州向朝珊索賄黃金千兩，朝珊為官清正，愛護百姓，自甘清苦，拒絕行賄，因此得罪了毛延壽。延壽銜恨在心，遂將昭君親繪之像隱瞞下來，另畫一張醜像送交漢元帝。元帝不辨真偽，將昭君打入冷宮。其父朝珊及其弟王龍，均遣戍遼東，一日元帝在宮院閒遊，忽聽琵琶之聲，淒涼萬分；詢及內侍，知係昭君自怨，及召見 [illegible] 乃封昭君為明妃，拿毛延壽問罪。延壽聞風逃進番邦，以昭君真容獻單于；並花言巧語，煽動單于出兵侵犯漢境，竟以昭君和親為要挾。元帝不肯，奈文臣武將一時無退敵之策；昭君聞知，即以萬民為重，願捨身和番，以免百姓塗炭之苦。元帝亦無可奈何，乃派文武百官護送昭君出塞；昭君在途中倍受風霜之苦，萬念交集。及見單于，申明正義，永不侵犯漢室，要回真容，以亂臣之名誅戮毛延壽。昭君見國恥已雪，不忍偷生，遂拔劍自刎，美名留傳萬古。

演員表

劇中人……扮演者
王昭君……尚小雲
漢元帝……方英培
毛延壽……尚長榮
王朝珊……趙和春
王龍……[illegible]
馬童……錢榮順
鄭仁德……尚富霞
單于王……劉少奎
唐毛……唐榮昌

《漢明妃》在北京演出之說明書

The poster of "Concubine Mingfei of Han" in Beijing.

《漢明妃》，尚小雲飾王昭君

Shang as Wang Zhaojun in "Concubine Mingfei of Han".

《鞭打蘆花》，1935年5月23日首演於華樂戲院。此即舊劇《蘆花記》，演二十四孝之閔損事。尚小雲飾繼母，合演者尚富霞、張春彥、范寶亭、高富遠、李志良、遲金聲等。

《鞭打蘆花》，尚小雲飾繼母，李志良飾子騫，遲金聲飾子英

In "Whipping Reed Catkins", Shang as the stepmother, Li Zhiliang as Ziqian, and Chi Jinsheng as Ziying.

《千里駒》，尚小雲飾張經芳
Shang as Zhang Jingfang in "The Winged Steed".

《千里駒》在北平演出之戲報
The poster of "The Winged Steed" in Beijing.

《千里駒》（又名《黄衫客》），原爲明末傳奇劇本，由還珠樓主改編，1935年12月24日首演於吉祥戲院。尚小雲飾張經芳，張雲溪飾李夢熊，尚富霞飾劉廷鶴，袁世海飾劉瑾，張春彦飾劉俊，范寶亭飾飛龍和尚，高富遠飾張大奇。尚小雲演出時增加了旦角的戲，删去了不必要的叙事部分，使情節更爲緊凑引人，歌頌了見義勇爲、扶正祛邪的精神。

《梁紅玉》是尚派名劇。1935年月10月3日在華樂劇院首次公演。尚小雲飾梁紅玉，張雲溪飾龍虎帥，尚富霞、張春彦分飾前後部韓世忠，慈瑞全飾梁母，范寶亭飾金兀朮，方連元、趙桐珊、何雅秋、閻世善飾娘子軍，扎金奎飾宋高宗，蕭盛萱前飾苗賀、後飾更夫，賈多才前飾賽多嬌、後飾長舌妻，袁世海前飾苗傅、後飾秦檜，高富遠前飾土地、後飾更夫，張盛利飾王淵。係尚小雲根據傳統折子戲《戰金山》等整理改編，由韓世忠出世、玉玲瓏打虎招親起，包括朝南海燒香引路、托門投軍、别家辭玉、紅玉産子、紫陽宫、歸雲澗、女勤王、斬苗傅、戰金山、掘通老鸛河、相府罵秦檜、金殿大封官、韓蕲王湖上騎驢等折，名《梁夫人》。1950年前後，又予以加工，易名《梁紅玉》。其中“許婚從軍”的唱段和“擂鼓助陣”的擂鼓表演尤爲精妙。後來，尚小雲根據意大利籍清宫畫家郎世寧所繪香妃半身戎裝像改進了傳統的女靠，使梁紅玉的形象更加英俊挺拔。

《梁紅玉》，尚小雲飾梁紅玉
Shang as Liang Hongyu in "Liang Hongyu".

《梁紅玉》，尚小雲飾梁紅玉
Shang as Liang Hongyu in "Liang Hongyu".

《天河配》是大型傳統七夕應節戲。尚小雲重排時作了改編、補充。他親自爲此戲設計服裝，佈景、燈光多有創新，增加了舞蹈場面，使整個舞臺五彩繽紛，多姿多彩。

《天河配》，尚小雲飾織女（中）
Shang as the Spinning Maiden (middle) in "The Cowherd and the Spinning Maiden".

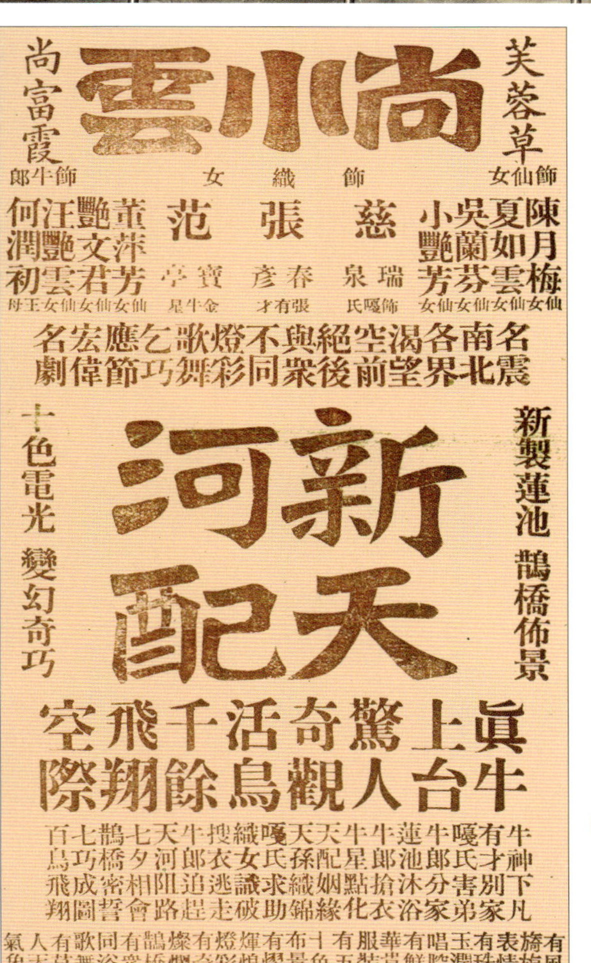

《天河配》在北平演出之戲報
The poster of "The Cowherd and the Spinning Maiden" in Beijing.

爲了强化我國民族戲曲載歌載舞的特點，在尚小雲的保留劇目中，常常採用崑劇的演法，有些場次整個按照崑劇折子戲來演。一些崑劇折子戲經他大幅度加工，已成爲京劇的常演劇目，並且都成爲尚派名劇。如《梁紅玉》的後半齣《戰金山》、《漢明妃》的後半齣《昭君出塞》，就是享譽最盛的藝術精品。

（四）尚派闡微

The Shang School

1962年，尚小雲赴山東講學。此次講學，尚小雲留下了一篇《我赴山東教學的講稿》。這是目前保存下來的惟一一份尚小雲的談藝文章。其中對京劇藝術的基本原理進行了分析和總結，頗多精闢之論。比如，在“四功”“五法”的表述中，尚小雲明確指出“五法”爲“口、手、眼、身、步”，將口法列于京劇表演“五法”之首。尚小雲是程硯秋以外惟一如此作出明確、系統闡述的京劇藝術大師。

這篇文章最後，詳細介紹了《失子驚瘋》一劇的人物塑造及表演，爲後來者具體瞭解、分析這一尚派經典劇目提供了捷徑。

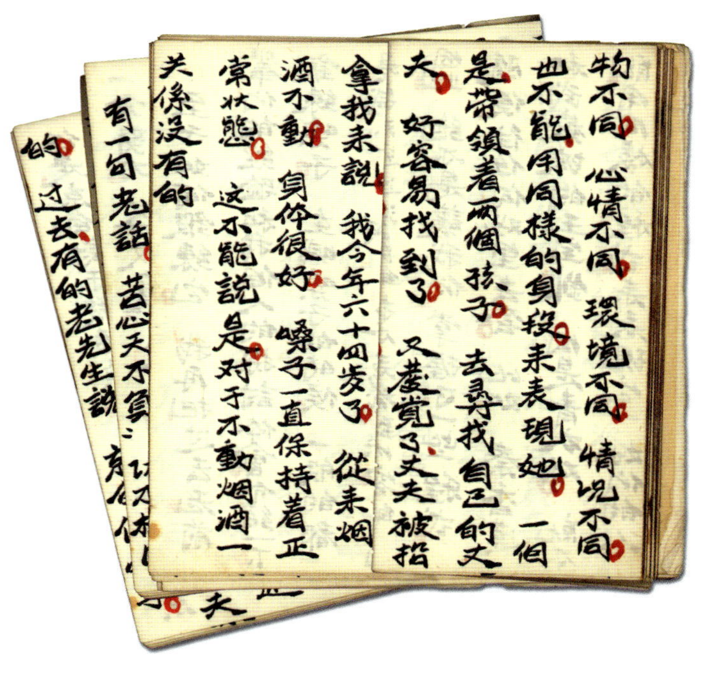

尚小雲赴各地講學的講稿

A part of the Lecture notes for shang’s lectures in various parts of the country.

1957 年，尚小雲探訪王昭君墓，在墓前留影
A photo taken in front of Wang Zhaojun's tomb in 1957.

1962 年，西安電影製片廠將尚小雲的《失子驚瘋》和《昭君出塞》兩個折子戲拍成了彩色影片，爲後人領略尚小雲的藝術風采提供了直觀的材料。尚小雲通過拍攝影片又對這兩個經他數十年錘煉的劇目進行了加工、完善，成爲具有經典意味的範本。結合《我赴山東教學的講稿》中的論述，我們可以比較深入地瞭解尚派藝術的豐富内涵。

1935 年，由李壽民改編的全部《漢明妃》在北京首演。此劇由崑曲《出塞》發展而成，《出塞》是全部《青塚記》的一折。尚小雲飾王昭君。這齣戲表現了王昭君捨身和番的氣概，展示了尚小雲富有感染力的嗓音和扎實的武功，成爲尚派藝術的代表作之一。尚小雲還爲劇中王昭君重新設計了扮相，專爲之創製了一頂“昭君盔”。

在《昭君出塞》一折，尚小雲大膽地採用了“文戲武唱”的方法，載歌載舞，聲情並茂，把京劇旦行所有的步法幾乎都組織進去，還吸收了武生的身段動作。全劇充分反映了尚派飽滿、强烈、矯健、豪放的風格。其表演手段層出不窮，通過種種程式化的舞姿創造系列動態畫面，運用了大跨腿、大弓腿、大揚鞭、急蹉步和上馬時單足顛顫、踩泥、蹁馬、圓場等動作，細致地刻畫了王昭君的離愁别恨和邊塞的荒凉，塑造了口中曲子、盔上翎子、手裏馬鞭、身上斗篷的王昭君藝術形象，渲染了“馬活人俏”的表演效果。他那“馬上昭君”載歌載舞的表演，被譽爲一幅幅活的“佳人烈馬圖”。

《昭君出塞》，尚小雲飾王昭君，蕭盛萱飾王龍
Shang as Wang Zhaojun and Xiao Shengxuan as Wang Long in "Zhaojun Goes Out of the Pass".

《昭君出塞》，尚小雲飾王昭君，蕭盛萱飾王龍，尚長春飾馬童

Shang as Wang Zhaojun, Xiao Shengxuan as Wang Long and Shang Changchun as Ma Tong in "Zhaojun Goes Out of the Pass".

尚小雲演這齣戲，着意於于區别“馬下昭君”和“馬上昭君”的不同點，注意“昭君上馬”和“馬上昭君”的神形變化。他提出的“馬上昭君既要有人，又要有馬，馬是烈馬，人是佳人；一身二用，神形兼顧”，真正體現了我國寫意戲劇的精神實質。目前昆劇、京劇舞臺上的《昭君出塞》基本都是按照尚派路數演出的。

“馬上昭君”和“馬下昭君”

A group of Shang's postures in "Zhaojun Goes Out of the Pass".

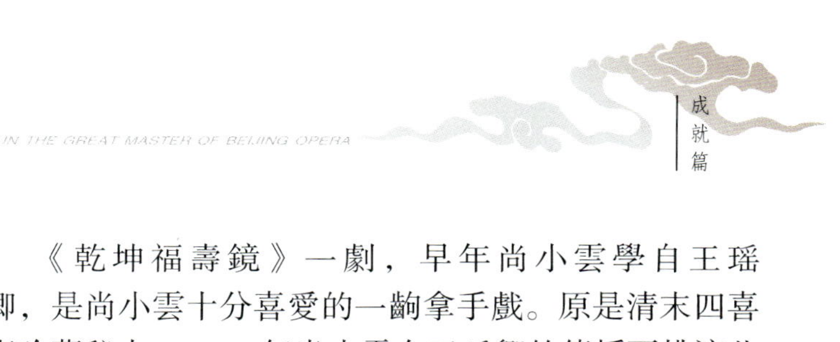

《乾坤福壽鏡》一劇，早年尚小雲學自王瑤卿，是尚小雲十分喜愛的一齣拿手戲。原是清末四喜班珍藏秘本。1919年尚小雲在王瑤卿的傳授下排演此戲。

此劇故事叙述明成化年間，江蘇武進梅俊無子，娶胡、徐二妾。胡氏有娠，招徐所嫉，乃設計相害。事爲胡氏丫鬟壽春得知，主僕連夜出逃。半路胡氏産一子，因乏乳，命壽春往前村買糕乾。恰遇巴山大王金眼豹路過，見胡貌美，擄之上山。胡於掙扎中棄嬰於地。嬰兒爲寧武關總兵林鶴路過所得。胡氏被擄，幸得山大王之妻相救下山，與壽春相逢，知幼子失去，驚懼成瘋。主僕路經桑園，遇林鶴及嬰兒。胡氏見嬰兒貌似幼子，即大鬧桑園。林見其已瘋，恐不能撫養嬰兒，乃與銀五十兩,俟後歸還其子。後林赴任，認胡子爲己子，取名林弼顯。弼顯長大成人，赴京應試，大魁天下，歷盡輾轉與胡氏相認。母子相逢，胡氏不治而愈。同時，林鶴因功封王，弼顯與林女成婚,復與梅俊相逢，一家團圓。壽春亦爲梅俊納爲妾媵。

早年此劇爲四大本連臺本戲，王瑤卿演時爲兩本，分兩日演完。尚小雲删繁就簡，改爲一本一天演完。早年尚小雲飾演壽春；至20世紀30年代後期開始，於前半部飾胡氏，後半部兼演青衣、花旦，飾演壽春。

《失子驚瘋》爲《乾坤福壽鏡》中最精彩的一折。尚小雲此劇，經數十年磨礪，將瘋步、水袖功、瘋呆的眼神融爲一體。對人物心理變化的刻畫，可謂細致入微。大鬧桑園一場，胡氏瘋態畢現，被壽春阻止。壽春向林鶴説明主母成瘋經過。此時場上雖是壽春與林鶴站在臺中表演，胡氏僅在一旁發呆，然而，尚小雲的表演，身形紋絲不動，面目呆滯，而眼神中於空茫之際顯出一縷思念、遐想。壽春與林鶴一大段對白之間，胡氏一直保持一個姿勢，全身如鐵鑄銅澆，惟以木然之眼神表示其内心如海波濤，口中雖無一語，而滿臺精神俱在。大師所以爲大師，良有以也。

“遇劫”
"Suffering Robbery".

“鬧 園”

"A Lunatic in the Garden".

“鬧園”的一組身段

A group of postures in "A Lunatic in the Garden".

水袖是京劇表演中表現人物性格的重要手段。尚小雲的水袖功得王瑤卿、松茂如真傳，根據自己生活中的觀察、體驗又有創新、發展，舞臺演出中獨具魅力。如《失子驚瘋》中胡氏跑着半圓場唱到“望空中不見兒，如刀刺膽”一句時，壽春在身後喊“主母”，胡氏急轉身在打擊樂中向壽春的“撑袖”以及後來水袖的“前抖”、“後挑”，都是繼承王瑤卿的絶技。“雙托月”、“風攪殘雲”、“單托塔”、“雙托塔”等水袖功，則是源於松茂如的傳授，而根據劇情的需要由尚小雲創造發展而成的，用以表現胡氏復雜失常的心理，已成爲京劇藝術中的經典之作。

尚小雲結合《失子驚瘋》一戲談到旦角水袖的運用，並根據自己的舞臺經驗歸納爲抖、甩、打、撣、撂、翻、挑等十餘種。他還强調説，水袖功的運用不是孤立的，要順、要合、要美、要有内容，要服從情節發展和塑造人物的需要而千變萬化。

抖 雙手外分，腕部用力，水袖作“八”字形抖出。抖出後臂部略上提，雙肩微微抖動

JERKING Hands part outwards, strength on wrists, jerking the sleeves out. Then raise arms a bit, with shoulders quivering slightly.

甩 水袖自胸前用力向外甩出，臂部不再上提，更爲乾脆有力

FLINGING Fling the sleeves from chest forcefully outwards without raising arms.

左甩袖

Flinging leftward.

右甩袖

Flinging rightward.

打 雙手自胸前並排向同一方向猛地同時打下，停止時雙手平直右伸。多用於情緒激動與下場亮相時

BEATING Both hands start from chest side by side and strike in one direction. When at a stop, both hands stretch rightwards straight. This sleeve movement is usually employed in cases of emotion or striking a pose on leaving stage.

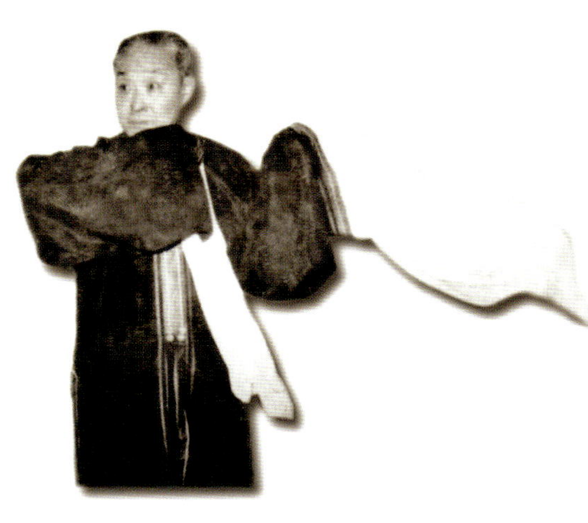

撣　腕部用力，手背外撣，將水袖輕輕撣出

WHISKING　With strength on the wrist, one hand whisks outwards, making the sleeve whisked out slightly.

擢　手腕自外向內繞，水袖隨之自內向外擢起，搭在上臂部，手心向上。常用於起“叫頭”時

CASTING ASIDE　The wrists turn from outside inwardly and sleeves are casted aside landing on the upper arms, palms upwards.

翻　與“擢”相反，手腕自內向外翻繞，水袖自外向內翻回，搭在臂上，手心向下

TURNING　Just opposite to the above movement, the wrists turn outwards with the sleeves landing inwardly on the arms, palms downwards.

左撐袖

Left unfurling.

撐　中指與腕部用勁，胳膊猛向前撐開，水袖隨之而出

UNFURLING　With strength at the middle finger and wrist, the arm unfurls abruptly and the sleeve comes out accordingly.

右撐袖

Right unfurling.

挑 水袖撂起後向外猛甩，腕部與臂部向身後用力上挑，使水袖在背後甩起。常與撂、甩連用，多表現情緒激動

LIFTING Lift the sleeves and fling them abruptly outwards, meanwhile wrists and arms forcefully lift up backwardly, making sleeves lifted up at the back. This movement is usually used on occasions of emotion, together with the movements of casting aside and flinging.

右挽袖

Right drawing.

左挽袖

Left drawing.

挽 手臂舉起不動，手心向上，手腕自臂後向前慢慢轉動，水袖隨之自臂部由後向前挽滑而落下

DRAWING Raise one hand and keep it still for a moment, palm upwards. Then the wrist turns slowly forward from the back of the arm, followed by the sleeve sliding down forward from the back of the arm.

揚 雙臂高舉過頭，手心向上，水袖翻落在兩肩後面。常用於唱“哭頭”時

RAISING With both hands risen above the head, palms upwards, sleeves landing on the back shoulders. This is usually applied in *kutou*.

雙揚袖

Double raising.

單揚袖

Single raising.

抛 雙袖高揚，置於頸部兩側，同時向正前方猛地抛出

THROWING OUT Raising high both sleeves at both sides of the neck, and then throw them out forward suddenly.

抓 雙手向前並列直伸，雙臂猛地回抽，將雙袖抓在手中

GRASPING Both hands stretch out side by side, and suddenly draw back, grasping one sleeve in each hand..

繞 手腕急速晃繞，將水袖纏繞在腕部

COILING The wrist turns fast making itself coiled around by the sleeve.

衝 雙手平直右伸，雙袖同時自外向內翻下。多爲跑圓場前的准備動作

STRETCHING FAST With both hands stretching at the right levelly, both sleeves turn simultaneously from outside inwardly. This is usually employed in preparation of paoyuanchang.(walk in hasty paces around the center of the stage indicating the character is in a journey)

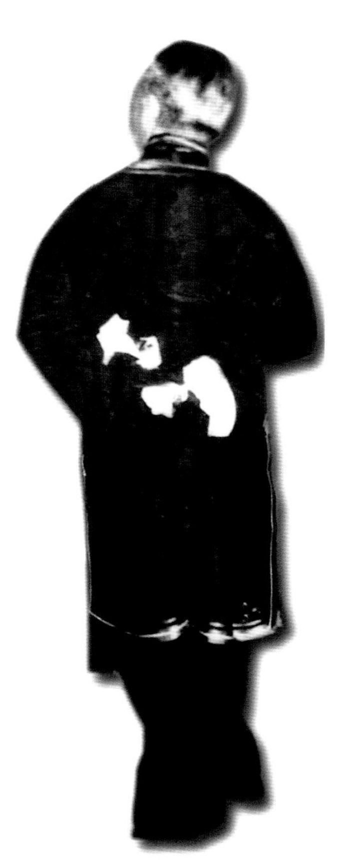

單托塔

Dan Tuo Ta, a posture as if holding a pagoda.

風攪殘雲

Feng Jiao Can Yun, a movement as if sweeping the clouds.

背 雙手將雙袖抓起，置於背後

BACKING Grasp one sleeve with each hand and holding them at the back.

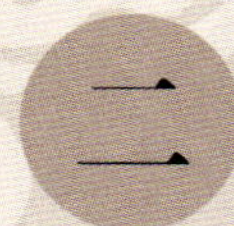

門牆桃李

Ⅱ. The Disciples and Students

20 世紀 30 年代的尚小雲

Shang in the 1930s.

尚小雲作爲京劇藝術大師，其成就並不僅僅局限於舞臺表演藝術。他是京劇史上有着重要地位的京劇教育家。在其藝術生涯中，通過收徒傳藝、創辦科班，培養了大批京劇從業人員，而這些人的活動在相當程度上支撐了京劇後期歷史。在這一點上，尚小雲的功績是不可磨滅的。

尚小雲創辦榮春社期間，在教學及管理上都進行了一定的改革，對以往科班教育進行了總結。尚小雲秉承京劇界的優良傳統，不遺餘力提携後進，以其魄力和膽識爲後繼人才脱穎而出開闢廣闊的空間。

（一）師徒父子

Master and Disciple, Father and Son

尚小雲所創辦的榮春社，在十餘年中培養出了近600名學生。這些學生遍佈各地，成爲20世紀50年代以後京劇從業者中的骨幹力量。在20世紀70年代末至80年代中後期，作爲傳統文化代表樣式之一的京劇藝術，在經歷了其歷史上最爲衰敗的時期以後，開始了恢復階段。這一階段的京劇，無論是表演實踐還是教育傳承方面的代表人物中，都有榮春社成員的身影，如楊榮環、孫榮蕙、景榮慶、徐榮奎、馬長禮、方榮翔以及尚長麟、李甫春等。就這一點而言，尚小雲在京劇史上就有其不朽的地位了。

尚小雲與榮春社弟子田榮芬(左一)、李喜鴻（右二）、楊榮斌(右一)

Shang with his disciples from Rongchun Opera School.

楊榮環之《失子驚瘋》

Yang Ronghuan in "Insane by Losing Her Son".

孫榮蕙之《緑衣女俠》

Sun Ronghui in "The Swordswoman in Green".

景榮慶之《逍遥津》

Jing Rongqing in "Xiaoyao Jin".

馬長禮之《蘇武牧羊》

Ma Changli in "Su Wu Tends Sheep".

方榮翔之《鍘美案》

Fang Rongxiang in "Guillotining Chen Shimei".

李榮威之《張飛聽琴》

Li Rongwei in "Zhang Fei Listens to Music".

李喜鴻之《穆柯寨》

Li Xihong in "Mu's Village Fortress".

在劇目學習上，尚小雲不主張專學一家，要求學生轉益多師。典型的例子，即其長子長春、次子長麟的學藝經歷。長春學武生，尚小雲不僅使之學楊（小樓），並命其拜尚和玉爲師，習尚。在希望長麟繼承家學的同時，却又使之拜梅、程、荀、于等諸家，以求全面繼承旦行藝術。

1938 年，尚長春拜尚和玉爲師（從前左至前右：尚小雲、遲紹峰、善寶臣、沈富貴、趙仲夕、蔡榮桂、尚長春、尚和玉、趙子儀、耿明義、高富遠、趙硯奎）

In 1938, Shang Changchun formally acknowledged Shang Heyu as his master (from front left to front right: Shang, Chi Shaofeng, Shan Baochen, Shen Fugui, Zhao Zhongxi, Cai Ronggui, Shang Changchun, Shang Heyu, Zhao Ziyi, Geng Mingyi, Gao Fuyuan and Zhao Yankui).

尚長麟拜師于連泉
Shang Changlin with his master Yu Lianquan.

尚長麟拜師荀慧生
Shang Changlin with his master Xun Huisheng.

尚長麟拜師梅蘭芳
Shang Changlin with his master Mei Lanfang.

尚長麟拜師程硯秋
Shang Changlin with his master Cheng Yanqiu.

榮春社一期學生合影
The first year graduates from Rongchun Opera School.

在教學管理上，尚小雲也進行了較大的改革。其改革方式，集中體現了尚小雲源於傳統道德的“仁”、“義”觀念。

他廢除了學生在科班期間的人身依附關係；在學生入學時簽訂的合同中，改變了以往科班學生入科時學生家長與科班訂立“生死合同”的陋規，廢除了其中“懸樑自盡、投河覓井、打死無論”等內容，保證了學生的基本人身權利。

同時，對於學生日常衣着、飲食、醫療衛生等無不重視，并通過親自檢查、督促形成慣例式不成文的制度。這一點，在同時科班中爲僅見。

學生的社服，統一發給。夏季身着竹布大褂，頭戴“德國盔”；秋天另發瓜皮小帽；冬季是青布罩衫棉衣、航空帽、白手套和白口罩。學生人人衣帽齊整,佩戴上有金元寶圖案、下有“北平榮春社”字樣的圓形社徽。

尚小雲特意騰出三間房子作爲厨房，先後聘請十幾名厨師專門做飯。要求不管什麼蔬菜，只要一上市，定叫大家吃頭口鮮。學生一日三餐，保證天天有肉食，每月改善伙食一次。逢年過節，要讓學生吃上餃子。因爲人多，臨時搭桌分批吃。開飯前，值日生必須請尚小雲親自品嘗。尚小雲有時還和學生一起就餐，若伙食不佳，必須重做，已成定規。

尚小雲還包下附近一家澡堂，以便學生洗澡。榮春社開辦之初，爲保障學生的身心健康，採取了類似今日合同醫院的措施，聘請西醫郭菊蓀(名老生郭仲衡之兄)、中醫陶震東、骨科徐澤川、外科趙炳南等大夫定期來社出診。平日學生有病可前往診所醫治。遇有急診，就近到西草廠原田醫院。若須住院治療，就去李鐵拐斜街董子鶴(名旦董玉苓之伯父)的順天醫院。

榮春社常年囑托中醫陶震東
Mr. Tao Zhendong, the year-round doctor of traditional Chinese medicine entrusted by Rongchun Opera School .

榮春社常年囑托西醫郭菊蓀
Mr. Guo Jusun, the year-round doctor of western medicine entrusted by Rongchun Opera School .

（二）獎掖後進

Encouraging the Younger Generation

尚小雲與李世芳

Shang with Li Shifang.

提携後進是京劇界的傳統美德。事實上，京劇界在對待後起人才的態度上，一直存在着嚴格施教和大力提拔兩個方面。以尚小雲本身爲例，其早年在科班受到趙瑞春、唐竹亭等教師近乎嚴苛的教育，後來又受到孫菊仙、楊小樓及其老師孫怡雲等人的大力提携、扶持。這兩種境遇，對於尚小雲以後的經歷都有着極爲深刻的影響。

基于這種背景，尚小雲成名以後，也秉承了這一傳統，對年輕人才，於一絲不苟嚴格要求的同時，又不遺餘力，大力提携、扶持，爲後輩提供了機會，造就了許多傑出人才。張君秋、袁世海在没有成名之前都得到過他很多的教益和幫助。毛世來、李世芳、吴素秋、梁秀娟和張雲溪等也都在他的親自指導下取得了不同的成就。

“四小名旦”之一的李世芳，1934年拜尚小雲爲師。尚小雲在其身上花費了極大心血，親傳其《金瓶女》、《崑崙劍俠傳》、《娟娟》等戲。同時，又對他一絲不苟地嚴格要求。一次，李世芳演《崑崙劍俠傳》，身上的裙子掉了，尚小雲不顧衆人情面，甚至回絶了蕭長華的講情，對李世芳進行責罰。

1947年1月，李世芳遭遇空難去世。梨園公會與富社曾發起兩次義演，以解李家危難之需。尚小雲率先演出拿手好戲以表師徒之情。

尚小雲與李世芳(左一)、張君秋(右二)、毛世來(右一)

Shang with Li Shifang (left 1st), Zhang Junqiu (right 2nd) and Mao Shilai.

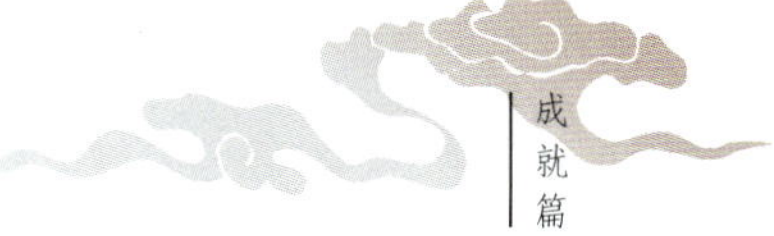

尚小雲與弟子們(左一遲金聲、左二李世芳、右二尚長春)

Shang with his disciples Chi Jinsheng (left 1st), Li Shifang (left 2nd) and Shang Changchun (right 2nd).

《遊園驚夢》，尚小雲飾杜麗娘，李世芳飾春香

Shang as Du Liniang and Li Shifang as Chunxiang in "Dreaming at Peony Pavilion".

袁世海也是在富連成社時就受到尚小雲賞識，出科以後，即搭入尚小雲的重慶社。與尚小雲合演了老戲《巴駱和》、《穆柯寨》、《法門寺》等，又參與了新戲《青城十九俠》、《龍女牧羊》、《千金全德》、《封神三霄》（即《九曲黄河陣》）等的演出，得到很大鍛煉。

1936年，尚小雲聽别人説張君秋是塊好材料，便專程到鮮魚口華樂戲院看他的《二進宫》。從此即收張君秋爲義子，不僅每天讓其在尚家和尚長春一起練功，還親自教了他不少戲。張君秋在初出臺的年月裏，報上登廣告輒冠以“尚小雲親授”的字樣，就是由此而來的。其後，尚小雲與之在華樂戲院同臺演出《乾坤福壽鏡》、《九曲黄河陣》、《牛郎織女》等戲。

尚小雲對張君秋可以説是愛護備至。1938年馬連良應上海黄金大戲院之約，準備南下，約了張君秋同行。然而當時張君秋初出茅廬，衣服、行頭幾乎一無所有。尚小雲不僅以行頭相借，還命人爲之購皮領大衣一件，以壯行色，足見尚小雲之古道熱腸、真心誠意。

《九曲黄河陣》，李寶奎飾姜子牙（左二），袁世海飾趙公明（右二），張小傑飾黑虎（右一），張世桐飾須龍

Li Baokui as Jiang Ziya (left 2nd), Yuan Shihai as Zhao Gongming (right 2nd), Zhang Xiaojie as Heihu (right 1st) and Zhang Shitong as Xulong in "Yellow River Battle Formation".

《紅鬃烈馬》，尚小雲飾代戰公主(左)，張君秋飾王寶釧

Shang as Princess Daizhan and Zhang Junqiu as Wang Baochuan in "The Red-haired Savage Horse".

張君秋之《漢明妃》

Zhang Junqiu in "Concubine Mingfei of Han".

張雲溪，1934 年初受尚小雲賞識，搭入重慶社，擔任三牌武生，時年僅 15 歲。1937 年，隨重慶社赴上海演出。尚小雲依據其特長及上海觀衆喜好，打炮戲安排其壓軸演《四傑村》，一炮而紅，奠定了其作爲南北馳名的優秀武生演員的基礎。

《朱仙鎮》，張雲溪飾陸文龍

Zhang Yunxi as Lu Wenlong in "Zhuxian Town".

1937 年 6 月，尚小雲出演於上海黃金大戲院，用張雲溪爲三牌武生。張時年 18 歲

In Jun. 1937, when Shang gave a performance in the Grand Golden Theatre of Shanghai, he used Zhang Yunxi who was 18 then as *No. 3 Wu Sheng* , or the third male martial role .

（三）授藝傳道
Teaching Both Skill and Moral

尚小雲在科班教學以外，還廣開門路，培養學生。如果說，科班教育的目的是爲了培養京劇一般從業人員，那麽，這種收徒傳藝就主要是爲本行演員的提高、深造提供機會。他治學嚴謹，教學有方，因人施教，不拘門户之見，主張有教無類、兼收並蓄。

1962 年，尚小雲 62 歲壽辰，家人及弟子爲其賀壽
Shang's 62nd birthday was celebrated by his family and disciples in 1962.

尚小雲一生收徒 213 人。自 1930 年收張蝶芬爲徒起，先後收黄咏霓（雪艷琴）、趙嘯瀾、吴素秋、張文琴、毛世來、李世芳、梁秀娟、李硯秀、李涵秋、黄玉華、周素英、董玉苓、陳永玲、王紫苓等數十名弟子。當代許多知名的京劇旦角演員，都得到過他的培養和教誨。

1931 年黄咏霓（雪艷琴）拜尚小雲爲師。圖爲黄咏霓之《穆柯寨》
Shang's disciple Xue Yanqin in "Mu's Village Fortress" in 1931.

尚小雲弟子李硯秀之《金山寺》
Shang's disciple Li Yanxiu in "Jinshan Temple".

吴素秋之《四郎探母》
Wu Suqiu in "Silang Visits His Mother".

吴素秋 1933 年拜尚小雲爲師
Wu Suqiu formally acknowledged Shang as her master in 1933.

1933 年張文琴拜尚小雲爲師
In 1933, Zhang Wenqin formally acknowledged Shang as her master.

1934 年，梁秀娟拜尚小雲爲師。現定居臺北。圖爲梁秀娟 1979 年 60 歲生日時在臺北演出《漢明妃》

In 1934, Liang Xiujuan formally acknowledged Shang as her master. She lives in Taibei now. The photo is Liang Xiujuan in "Concubine Mingfei of Han" in Taibei in 1979 on her 60th birthday.

1938 年李涵秋拜尚小雲爲師

In the year of 1938, Li Hanqiu formally acknowledged Shang as his master.

1945 年 5 月，尚小雲收周素英爲弟子，這是拜師典禮後尚小雲師徒併來賓等合影（前排左起：周素英、尚長榮、馬崇恩；二排左起：伍嘯畲夫人、朱少筠、王蕊芳、尚小雲、伍嘯畲、秦少庭、馬連良；三排左起：李鳴燕、趙嘯瀾、于連泉、王鳳卿、奚嘯伯、佚名、善寶臣；四排左起：葉蔭章、李華亭、馬富禄、趙硯奎、張君秋、王少亭、林秋雯、尚富霞、王火善；五排左起：佚名、白登雲、江世玉、李鳴盛、趙綺霞、李凌楓、毛世來、張蝶芬）

In May 1945, Shang formally acknowleged Zhou Suying as his disciple. This is the photo of the master with his new disciple and the guests after the master acknowledging ceremony.

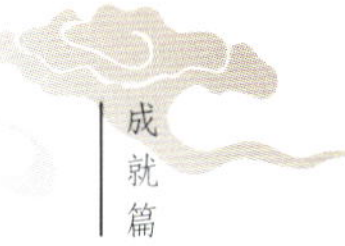

1946年陳永玲拜尚小雲爲師，時年17歲。圖爲陳永玲之《小上墳》

In 1946, Chen Yongling formally acknowledged Shang as her master when she was 17. The photo is Chen in "Liu Lujing Returns Home with Honour" (*Xiao Shang Fen*).

1945年7月董玉苓拜尚小雲爲師

In Jul. 1945, Dong Yuling formally acknowledged Shang as her master.

1948年8月王紫苓拜尚小雲爲師（左起：尚富霞、王紫苓、尚小雲、尚長春、陳少軒）

In Aug. 1948, Wang Ziling formally acknowledged Shang as her master.

1949年以後，尚小雲在陝西、山東、貴州、雲南收弟子百餘名，並爲北京、雲南、河北、內蒙古、貴州等地京劇團登門學藝的青年演員教戲。

尚小雲與弟子崔笑君（1953年於大連）

Shang with his disciple Cui Xiaojun in Dalian in 1953.

尚小雲與弟子季硯儂（1953年於青島）

Shang with his disciple Ji Yannong in Qingdao in 1953.

尚小雲與弟子馬藍魚

Shang with his disciple Ma Lanyu.

1955年包中慧拜尚小雲爲師（前排左二章士釗、左三載濤、左四尚小雲、左五張伯駒、左六惠孝同，後排右三包中慧、左二張君秋）

In 1955, Bao Zhonghui formally acknowledged Shang as his master.

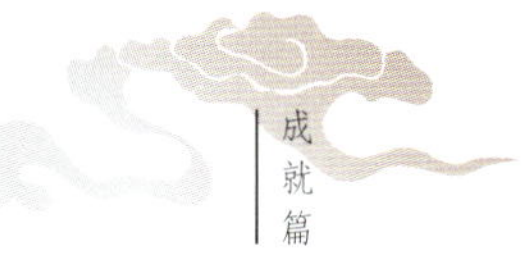

1957 年尚小雲在河南新鄉收吴韵芳(後右二)爲弟子

In 1957, Shang (front middle) took Wu Yunfang (back right 2nd) as his disciple in Xinxiang, Henan.

尚小雲與弟子李翔(1959 年)

Shang with his disciple Li Xiang in 1959.

尚小雲與弟子崔麗蓉(1958 年 5 月於蘭州)

Shang with his disciple Cui Lirong in Lanzhou in May 1958.

1960 年，尚小雲在西安家中給李翔説戲

Shang was coaching Li Xiang at his home in Xi'an in 1960.

1959 年，鮑綺瑜拜尚小雲爲師。這是 1962 年尚小雲在西安家中爲之説戲
In 1959, Bao Qiyu formally acknowledged Shang as her master. This is the photo taken in 1962 when Shang was coaching her at his home in Xi'an.

鮑綺瑜之《昭君出塞》
Bao Qiyu in "Zhaojun Goes Out of the Pass".

尚小雲與弟子張彩香(1959 年於西安)
Shang with his disciple Zhang Caixiang in Xi'an in 1959.

1959 年，尚小雲在家中爲張彩香説《漢明妃》
In 1959, Shang was coaching Zhang Caixiang "Concubine Mingfei of Han" at his home.

尚小雲弟子周百歲在《失子驚瘋》中飾胡氏
Shang's disciple Zhou Baisui as Hu Shi in "Insane by Losing Her Son".

尚小雲與弟子劉秀榮(1962 年於北京)
Shang with his disciple Liu Xiurong in Beijing in 1962.

劉秀榮之《戰洪州》
Liu Xiurong in "The Combat in Hongzhou".

尚小雲與弟子謝銳青(1962 年於北京)
Shang with his disciple Xie Ruiqing in Beijing in 1962.

謝銳青之《漢明妃》
Xie Ruiqing in "Concubine Mingfei of Han".

1959 年尚小雲在西安家中爲孫明珠説《打青龍》
In 1959, Shang was coaching Sun Mingzhu "Beating the Green Dragon" at his home in Xi'an.

尚小雲與弟子孫明珠
Shang with his disciple Sun Mingzhu.

1962 年在山東示範講解《昭君出塞》中的趟馬和圓場

In 1962, Shang was demonstrating *tangma* and *yuanchang in* " Zhaojun Goes Out of the Pass" in Shandong.

尚小雲先後赴各地講學，舉辦收徒傳藝訓練班，參加人數達 300 餘人。他講授的內容不僅有“四功”、“五法”、水袖功等表演技巧，還包括演員應具備的各方面修養。他從自己的保留劇目入手談如何刻畫和表現人物，深入淺出，生動形象。

他向學員傳授《昭君出塞》、《失子驚瘋》等尚派代表劇目，並挑選學員同臺示範演出。1960 年以後，尚小雲大規模收徒就有五次，每次收徒人數均達數十名。這樣大規模的收徒，對提高戲曲旦行演員的表演水平起了極大的推動作用。

趟馬

Shang was demonstrating *tangma* , or imitating horse riding.

圓場

Shang was demonstrating *yuanchang*, or walking around the center of stage in hasty steps indicating the character is in a journey.

1962年在山東示範講解《失子驚瘋》

Shang was demonstrating "Insane by Losing Her Son" in Shandong in 1962.

眼神

Glance in "Insane by Losing Her Son".

勁全在腰上

All strength is focused on the waist.

指導學生

Coaching students in "Insane by Losing Her Son".

1962 年在山東爲學生示範講解《昭君出塞》的蹚馬

Shang was demonstrating *tangma* in "Zhaojun Goes Out of the Pass" in Shandong in 1962.

掏翎子(一手掏雙翎)

Grasping *lingzi* (long pheasant tail feathers worn on warriors' helmets).

亮相(眼神要這麼引)

Making a stage pose (leading glance in this way).

蹚馬

Tangma.

和馬童亮相(注意雙相的高矮)

Making a stage pose with Ma Tong (taking care of the height of both).

指導學員

Coaching students.

指導學員

Coaching students.

和學員在一起

Together with students.

更爲重要的是，尚小雲在這一期間的收徒對象，已不局限於京劇，而把目光投向更爲廣闊的地方戲曲之中。在尚小雲後期弟子中，地方劇種演員占了極大的比重。

京劇在漫長的發展過程中，從崑曲繼承了優秀的表演傳統，又經過宮廷文化、都市文化的洗禮，逐漸形成了一套極爲嚴密、完整的表演體系。尚小雲通過和地方戲演員的交流，在充分認識各地方戲表演長處的基礎上，也看到了這些地方戲表演的不足。作爲一個藝術大師，他主動擔負起了向地方戲演員傳藝的責任，爲十餘個地方劇種培養旦角演員。

尚小雲的傳藝活動，不僅面向廣大城市的戲曲表演團體，其影響還波及雲南、貴州以及廣西壯族自治區等邊遠地區。接受他傳藝的學員，不僅學習了尚派的表演技巧，日後成爲各劇團的藝術骨幹，更重要的是，尚小雲通過他們將民族戲曲藝術的精神實質、表演理念灑播到四面八方。

爲青年演員示範

Demonstrating for the young performers.

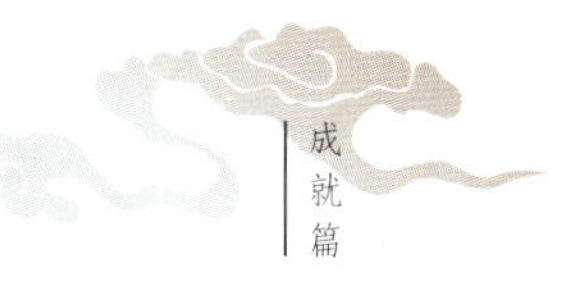

爲成俊英傳藝

Coaching Cheng Junying.

爲胡小鳳説戲

Coaching Hu Xiaofeng.

爲謝長春示範

Demonstrating to Xie Changchun.

1961年6月，尚小雲應邀赴河北邯鄲，爲邯鄲專區各縣的優秀青年戲曲演員講課。時值盛夏，尚小雲揮汗如雨，不厭其煩地爲學員示範動作要領，邊講邊解答問題。他還爲邯鄲東風劇團教授了《穆柯寨》、《戰金山》、《宇宙鋒》等戲。後來尚小雲邀請該團演員胡小鳳等到西安學習《昭君出塞》，歷時40餘天，食宿都安排在自己家中。

1959年11月，尚小雲夫婦與弟子胡小鳳、牛淑賢攝於北京車站（左起：王蕊芳、胡小鳳、尚小雲、牛淑賢）

In Nov. 1959, Shang and his wife with two disciples Hu Xiaofeng and Niu Shuxian at Beijing Railway Station.

1961年夏，尚小雲應邀到山西太原講學、收徒傳藝。蒲劇著名演員王秀蘭、北路梆子著名演員賈桂林、中路梆子著名演員程玉英及青年演員多人拜尚小雲爲師。此後，尚小雲赴臨汾收裴青蓮、韓長玲、王希英、賈永愛、陸萍、楊翠花、田迎春、黨中萍、厚月仙、梁惠芳、張玉香等11名青年蒲劇演員爲弟子，傳授旦角表演基本功及其運用。

尚小雲在太原指導弟子高翠英

Shang was coaching his disciple Gao Cuiying in Taiyuan.

1963年元月，貴州省文化局舉辦“尚派藝術講習班”。63歲的尚小雲赴貴陽收徒傳藝，歷時38天。貴州省京劇、黔劇、川劇、評劇、豫劇、湘劇、滇劇7個劇種，貴陽、遵義、畢節、安順、都勻、凱里等地19個劇團的94名青年演員以及廣西壯族自治區聞訊派來的9名青年演員雲集貴州省藝術學校學習。此後尚小雲從中選收劉映秋、王秋芳、衡雲霞等50名弟子，精心傳授了《失子驚瘋》、《昭君出塞》兩齣戲；並在當地演出了《紅鬃烈馬》、《失子驚瘋》、《昭君出塞》、《梁紅玉》、《雙陽公主》等尚派名劇。

尚小雲在貴陽講學期間與部分學員在一起(前左爲尚富霞)

Shang with some students during his lecture tour in Guiyang (the front left is Shang Fuxia).

尚小雲爲貴州各劇種演員示範

Shang was demonstrating for actresses from various kinds of opera in Guizhou.

尚小雲與雲南省京劇團同仁在滇池（前左四爲關肅霜，右一爲徐敏初）

Shang with the stage artists from Yunnan Provincial Beijing Opera Troupe at Dianchi Lake.

三 芳信主人

Ⅲ.A Reliable Man

20世紀40年代的尚小雲

Shang in the 1940s.

尚小雲恪守梨園界故老相傳的仁義精神，以其豪爽俠義的性格，一生熱心公益，勇於任事，是當之無愧的京劇活動家。

作爲北平梨園界的代表人物之一，尚小雲以其長年累月的奔走辛勞，爲梨園界同仁所敬仰。1936年，北平梨園公會於前門外櫻桃斜街34號公益總會召集成立大會，選出首屆董事15人、候補董事15人以及監事等。尚小雲與楊小樓、于連泉所得票數最多（各得81票），列名董事。尚小雲同時被舉爲會長。

尚小雲繼承了歷代梨園領袖如程長庚、譚鑫培、田際雲、楊小樓等人的優良傳統，以身作則，在同行中扶危濟困，維護行業規範，作出了很大貢獻。

（一）扶危濟困

Relieving the Stricken

尚小雲性情豪爽，仗義疏財，以助人爲樂事，夙爲梨園界所推崇。僅以1946年12月末爲例，他爲賑濟山東受災同胞，首場義務演出全部《紅鬃烈馬》；第二場演出全部《漢明妃》，收入用以救濟京劇界貧苦同行；第三場演出《白蛇傳》，得款用於救濟全市的貧民。抗戰勝利後，尚小雲最先登臺，率榮春社演出全部《崔猛》，接着親自上場演出《新十三妹》等三齣戲，並爲“慶祝世界永久和平”將票價減半。

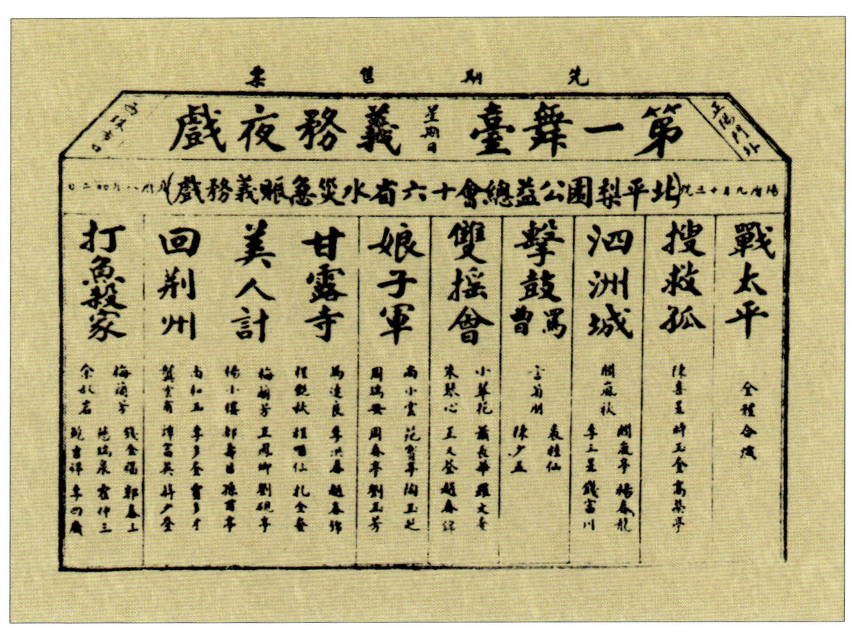
先期售票

第一舞臺義務夜戲

北平梨園公益總會十六省水災急賑義務戲

戰太平　搜救孤　泗洲城　擊鼓罵曹　雙搖會　娘子軍　甘露寺　美人計　回荊州　打魚殺家

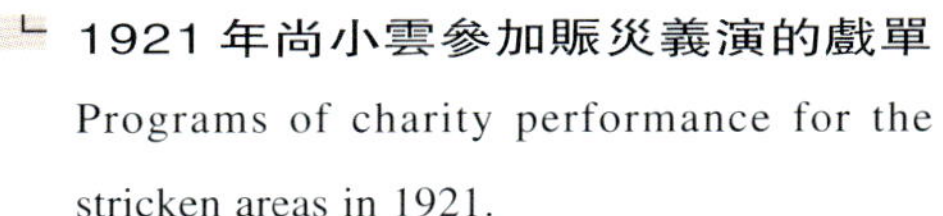
1921年尚小雲參加賑災義演的戲單

Programs of charity performance for the stricken areas in 1921.

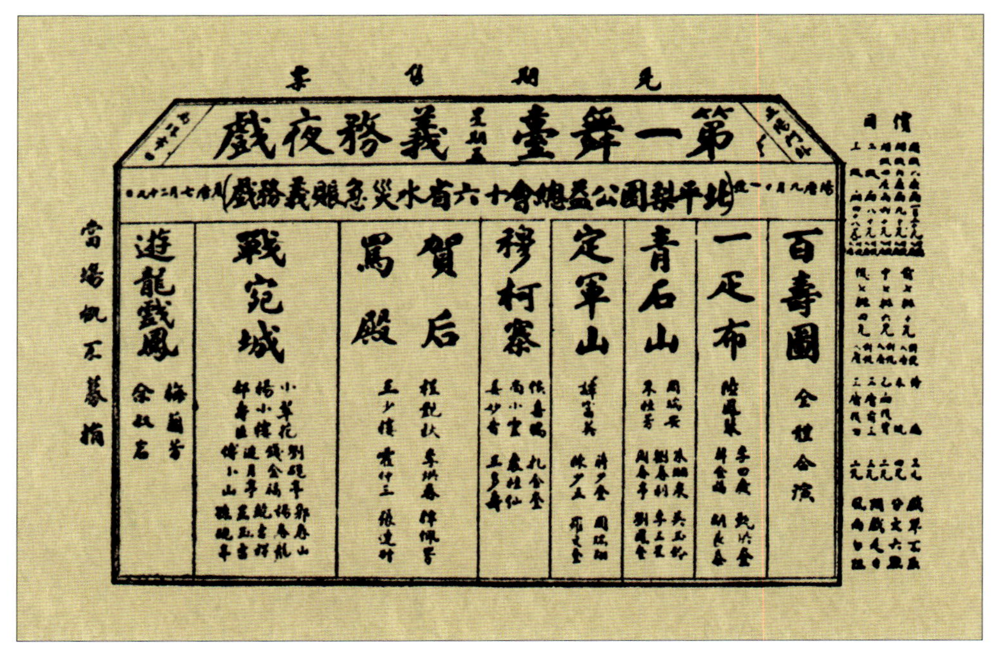
先期售票

第一舞臺義務夜戲

北平梨園公益總會十六省水災急賑義務戲

百壽圖　一疋布　青石山　定軍山　穆柯寨　賀后罵殿　戰宛城　遊龍戲鳳

當場概不募捐

建於 1907 年的天津廣東會館戲樓（現爲天津市戲劇博物館），尚小雲曾在此爲救濟難民募捐義演

Theatre of Guangdong Provincial Guild in Tainjin built in 1907 (the present Tianjin Theatre Museum) where Shang once gave a charity performance for refugees.

1957年1月22日，北京市京劇工作者聯合會爲籌集福利基金在北京廣和劇場演出義務戲《得意緣》。這次演出被譽爲“絶代精品”，留下了全部實况録音。尚小雲飾郎霞玉，荀慧生飾狄雲鸞，葉盛蘭飾盧昆傑，馬富禄飾狄母，羅世保飾醜丫鬟

On Jan. 22, 1957, the Association of Beijing Opera Workers in Beijing gave a benefit performance "The Matched Darts"(*De Yi Yuan*) for collecting benefit fund. The performance this time is regarded as "perfect work" which has left a complete recording. In the performance, Shang played as Lang Xiayu, Xun Huisheng as Di Yunluan, Ye Shenglan as Lu Kunjie, Ma Fulu as Di's mother and Luo Shibao as the ugly maid.

尚小雲、尚富霞與富連成社弟子合影（前排左起：詹世輔、尚富霞、尚長春、尚小雲、毛世來；後排左起：毛慶來、張君秋、李世芳、袁世海、閻世善）

Shang and Shang Fuxia with disciples from Fuliancheng Opera School.

葉盛蘭早年習旦角，後改小生。這是他演出《秦良玉》劇照。此劇爲尚小雲獨有私房戲， 由尚小雲親授

Ye Shenglan learnt *dan* role in early years and later changed to *xiaosheng*. This is his "Qin Liangyu", the unique performance of Shang who passed to him personally.

同行中有難相求，尚小雲總是慷慨解囊，有求必應。每當殘冬歲尾，尚宅門口乞討借貸者排列成行，等待賙濟。有時周轉不靈，尚小雲不惜以厚利向銀號押款，以幫助上門求告的貧苦同行。他曾接濟著名老生時慧寶的遺孀；爲貧病交加的金少山請醫送藥、募捐演出；與梅蘭芳等出資買地用作梨園公墓；在壽材鋪爲窮苦藝人賒購棺木、年終代還等等。

俞振庭辦斌慶社科班時，經濟上時常發生困難，尚小雲給了他很大的幫助。榮春社開辦之初，北京的另一科班文林社因經費關係被困在浙江温州。正在天津演出的尚小雲聞知此事，立即派人携款趕赴温州，經水路乘船把學生全部接到天津，暫住惠中飯店，不久由津返京，學生深受感動。後來數十名學生轉入了榮春社。事後曾有人欲爲此事給尚小雲掛匾，被尚小雲婉言謝絕。

1935年夏，富連成社主持人葉春善病故，科班長期演出的“盛”字科學生出科，餘下的“世”字科學生擔綱無力，一時富社風雨飄搖，難以爲繼。尚小雲聞訊，主動相助，把自己唱得正紅的幾齣戲教給富社的學生。他白天教小的，晚上教大的；遇有夜戲，就把學生帶到劇場，先看戲再講解；曾通宵爲葉盛蘭排《秦良玉》；每排一齣，將大小角色一一示範，詳細解説。

《白蛇傳》，李世芳飾白娘子
Li Shifang as Bai Suzhen in "The Legend of the White Snake Lady".

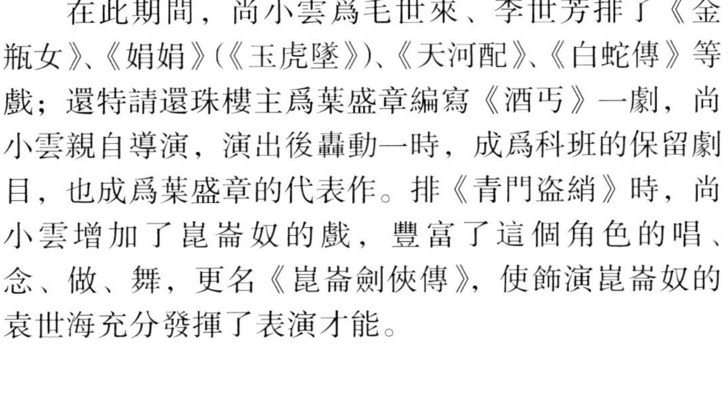

在此期間，尚小雲爲毛世來、李世芳排了《金瓶女》、《娟娟》(《玉虎墜》)、《天河配》、《白蛇傳》等戲；還特請還珠樓主爲葉盛章編寫《酒丐》一劇，尚小雲親自導演，演出後轟動一時，成爲科班的保留劇目，也成爲葉盛章的代表作。排《青門盜綃》時，尚小雲增加了崑崙奴的戲，豐富了這個角色的唱、念、做、舞，更名《崑崙劍俠傳》，使飾演崑崙奴的袁世海充分發揮了表演才能。

一年多後，富連成社度過了難關。尚小雲出錢又出力，却分文不取。這件事至今在梨園傳爲美談。

《酒丐》，吴素秋飾王翠娥，葉盛章飾范大杯
In "The Drinker Beggar" Wu Suqiu as Wang Cui'e and Ye Shengzhang as Fan Dabei.

《酒丐》，李世芳飾王翠娥，葉盛章飾范大杯
In "The Drinker Beggar" Li Shifang as Wang Cui'e and Ye Shengzhang as Fan Dabei.

《崑崙劍俠傳》，李世芳飾紅綃
Li Shifang as Hongxiao in "Tale of a Black Swordsman".

《崑崙劍俠傳》，毛世來飾紅綃
Mao Shilai as Hongxiao in "Tale of a Black Swordsman".

《崑崙劍俠傳》，江世玉飾崔芸，李世芳飾紅綃，袁世海飾崑崙奴
In "Tale of a Black Swordsman", Jiang Shiyu as Cui Yun, Li Shifang as Hongxiao and Yuan Shihai as the Black Slave.

（二）管領群芳
A Leader

《得意緣》，尚小雲飾郎霞玉，南鐵生飾狄雲鸞
In "The Matched Darts", Shang as Lang Xiayu, and Nan Tiesheng as Di Yunluan.

尚小雲一生注重維護行業規範。他以身作則，以高尚的戲德爲同行作出表率。他對京劇界賑災、救濟同業的各項義演，無不熱心參與，且從不計較角色的大小、戲碼的先後。他常把一些不被看重的角色演得光彩照人，如《樊江關》中的樊梨花、《得意緣》中的郎霞玉等，經他演來都不同凡響。爲了提携他的學生們，他還多次扮演《四郎探母》中的蕭太后。他的學生張君秋、楊榮環、吴素秋主演劇中鐵鏡公主時，他都演過蕭太后。他的演唱和表演均以氣度取勝，有着一般演員很難達到的一種分量。

尚小雲之於同行，在臺下慷慨相助，熱情扶持。但對演出或公事上的錯誤，却絲毫不留情面，雖知交故舊，可不與之交言逾數日，甚至於其會客室門口掛牌，大書“某某莫入”，以示批評。親密如其管事趙硯奎，亦不能免。

20世紀30年代尚小雲與趙硯奎攝於北平椿樹下二條尚宅
A photo of Shang and Zhao Yankui at Shang's home in Beijing in the 1930s.

維護同業是尚小雲一貫作爲。他 30 歲生日，不舉行任何慶祝，照常演出，因而得同業以“維護同人”匾額相贈。任梨園公會會長以後，更是一如既往。1937 年 7 月，盧溝橋事變爆發。其時，同業生活極窘。事變前尚小雲正在上海演出，北返後爲維持同業，乃承包第一舞臺，重修後於 7 月 18 日率重慶社進入，演唱夜戲。7 月 29 日，北平淪陷。11 月 17 日，第一舞臺被火全部燒盡，尚小雲之重慶社排演《九曲黄河陣》所有置備之切末彩頭付之一炬，損失至巨。尚小雲次年 1 月赴天津演賑災義務戲，3 月即率榮春社及重慶社出演中和，苦苦支撑。當此非常時期，尚小雲不忘責任，於同業勉力維持，其功不可没。

尚小雲客廳題名“芳信齋”，住處掛有“管領群芳”匾額。尚小雲以其身體力行，獲得了梨園群芳的信任。

1935 年尚小雲與馬連良

Shang with Ma Lianliang in 1935.

尚小雲與長城唱片公司經理鄭子褒

Shang with Zhengˊ Zibao, manager of Great Wall Gramophone Record Co.

20世紀30年代尚小雲與上海票界友人合影（左起：金文祥、孫蘭亭、尚小雲、趙培鑫）

Shang with amateur performers in Shanghai in the 1930s.

1931年，上海聞人杜月笙爲慶祝杜氏宗祠落成，遍邀南北名伶，舉辦大型堂會。在京名伶除余叔岩外，網羅殆盡。這是當時的合影（前排左起：荀慧生、梅蘭芳、王又宸、雪艷舫、雪艷琴、楊小樓、龔雲甫、李吉瑞、譚小培、言菊朋、馬連良、譚富英、尚小雲、程艷秋）

In 1931, to celebrate the completion of the ancestral temple of Du family, Du Yuesheng, a well-known figure in Shanghai, invited all the celebrated actors and actresses for a large scale private theatre performance. Except Yu Shuyan, all the famous actors and actresses in Beijing were present.

京劇大師
尚小雲

流韵篇

尚小雲以貧寒人家子弟，孜孜以求，靠過人的勤奮和頑强的毅力成爲一代京劇宗師。其一生精神基礎，承襲了中華民族傳統美德，修身以嚴，齊家以和。

在藝術上，尚小雲通過對各藝術門類的廣泛接觸和同行交流，擴大視野，兼容並蓄，以求融會貫通。其創造的尚派藝術，薪傳有自，不絕如縷，後繼有人。

1976年 4月 19日，尚小雲走完了76年的人生歷程，在古城西安第一人民醫院逝世。四年之後，舉行了隆重的追悼會。他的骨灰安放在北京八寶山公墓。

在尚小雲誕辰85周年、95周年、100周年時，北京、陝西等地都舉辦了學術研討和紀念演出活動。

尚小雲及其創立的尚派藝術垂範後學，彪炳千秋。

尚小雲爲中國京劇事業作出的不朽貢獻將永載史册。

SHANG XIAOYUN
THE GREAT MASTER
OF BEIJING OPERA

EVERLASTING INFLUENCE

Though born in a poor family, Shang made himself a great master of Beijing Opera of the time through diligent exploration and extraordinarily strong willpower. His spiritual foundation inherited Chinese traditional morals, that is , be strict with self-cultivation and harmonious within the family.

In stage art, Shang broadened his view and absorbed other's nourishment by the extensive contacts and exchanges with other kinds and forms of art. By this, he created the renowned Shang School, and also coached numerous disciples and followers.

On April 19, 1976, Shang passed away in Xi'an Number One Hospital after covering 76 years of life journey. Four years later, a grand memorial meeting was held. The cremains rest in Babaoshan Cemetery in Beijing.

On occasions of the 85th, 95th, and 100th anniversaries after Shang's birth, academic symposia and memorial shows were held in both Beijing and Shaanxi.

Shang and his Shang School art will be a model for the people in later generations and will last forever.

The monumental contributions he has made to the cause of Beijing Opera will go down in the annals of history.

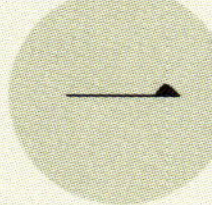

一 修身以嚴

Ⅰ. Strict with Self-cultivation

20 世紀 50 年代尚小雲在家中

Shang at home in the 1950s.

尚小雲自律極嚴，在表演基本功、文化知識、體驗觀察、尊師敬老諸方面不斷砥礪，加强修養。

他堅持練功，至老不輟。每天跑圓場、踢腿、下腰、拿鼎、甩髮……在年逾花甲時登臺演出，依然風采不減當年。“文化大革命”期間，尚小雲被强制體力勞作，每天要用小車清除幾棟樓的垃圾；而一旦四周無人，他必要停下來跑兩圈圓場。

尚小雲晚年在家中練功

Shang was practising his skill at home in his later years.

尚小雲喜愛繪畫、書法，認爲既可增添知識、提高藝術修養，又可豐富舞臺表演。他曾向亢興北、溥心畬、王夢白、王雪濤、顏伯龍等學繪事，其畫以花卉見長，長於畫松、竹、蘭、菊、靈芝，兼及山水，灑脱大方，不拘一格。他的書法師從宋伯魯、林開暮、陳名侃、梁鼎芬、張海若等，早年學翁同龢，晚年學王羲之，秀挺蒼勁，很見功力。

讀書

Reading.

習字

Practising calligraphy .

繪畫

Painting.

尚小雲在濟南講學時所繪條幅（1962 年）

The vertical scroll of painting Shang made during his lecture tour in Jinan in 1962.

尚小雲贈張彩香扇面(1961 年)

The fan Shang painted for Zhang Caixiang in 1961.

尚小雲贈李喜鴻條幅(1962 年)

The vertical scroll of painting Shang gave Li Xihong as a gift in 1962.

尚小雲贈鮑綺瑜條幅（1974 年）

The scroll of painting Shang gave Bao Qiyu as a gift in 1974.

尚小雲贈吴素秋條幅(1974 年)

The vertical scroll of painting Shang gave Wu Suqiu as a gift in 1974.

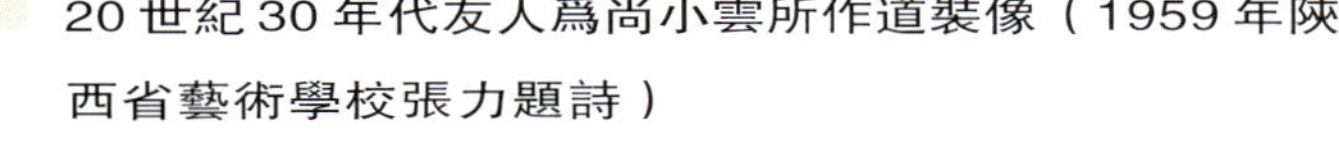

20世紀30年代友人爲尚小雲所作道裝像（1959年陝西省藝術學校張力題詩）

Shang in Taoist priest dress painted by a friend of his in the 1930s. In 1959, Zhang Li, the headmaster of Shaanxi Provincial Art School, made a poem on it.

尚小雲所繪扇面

Fans painted by Shang.

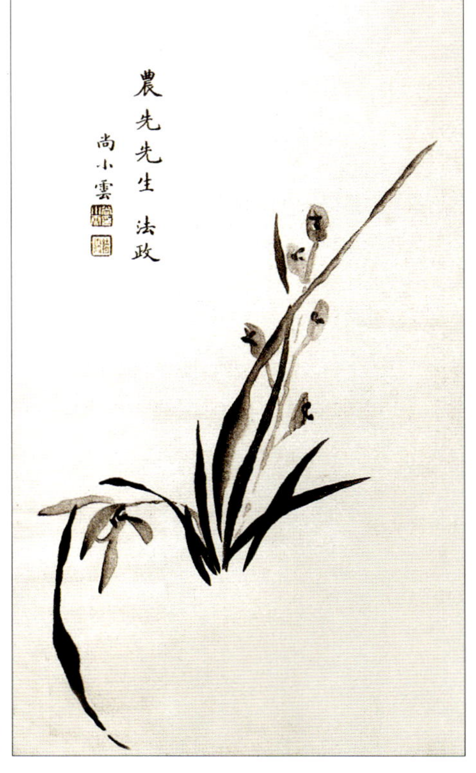

尚小雲所繪條幅

The painting works made by Shang.

20 世紀 30 年代北平椿樹下二條尚宅客廳

The sitting room of Shang's house in Beijing in the 1930s.

尚宅客廳中陳設的部分書畫文玩

Some works of painting and calligraphy works in Shang's sitting room.

尚小雲有高超的司鼓技藝。《梁紅玉》的擂鼓，疏密有致，氣勢磅礴，屬尚派的絶活，令人驚歎不已。

尚小雲在談到戲曲演員必須具備的基本功和文化、書法繪畫修養時，曾對青年演員説："一個人活在世上，從生到死、從小到老都是學習的過程。"正是這種精神，使得他的表演具有豐富的底蘊。

尚小雲在加强自身修養的同時，也注重與其他劇種、其他藝術門類的同行交流、溝通，以收截長補短之功。在戲曲界和文化界、在京劇和其他兄弟劇種、在票友和觀衆、在領導幹部和普通群衆中，都有尚小雲的朋友。

《梁紅玉》，尚小雲飾梁紅玉
Shang as Liang Hongyu in "Liang Hongyu".

1934年10月，尚小雲率重慶社出演武漢，與"漢劇大王"余洪元等合影（前右起：尚小雲 、余洪元、荀慧生；後右起：桑稼軒、荀令香、牡丹花、李春森、楊聞泉）
In Oct. 1934, Shang led Chongqing Troupe to Wuhan for a performance and took a photo with Yu Hongyuan, known as the "Hanju Opera king " in the circle, and others.

1936年，尚小雲在長沙演出時與當地同仁合影
Shang with the local artists on his performance tour in Changsha in 1936.

1954 年尚小雲與四川京劇界同仁合影
Shang with personalities from Beijing Opera circle in Sichuan 1954.

1956 年尚小雲與劇評家張肖傖
Shang with Zhang Xiaocang, a well-known theatre critic in 1956.

1954 年尚小雲與豫劇名演員崔蘭田
Shang with Cui Lantian, a well-known Yuju Opera actress in 1954.

1957 年尚小雲（左）與著名北路梆子演員王玉山合攝《樊江關》劇照

Shang (left) with Wang Yushan, a well-known Northern Road Bangzi Opera actor in "Fanjiang Pass" in 1957.

1957 年尚小雲與西安易俗社楊公愚(右)、宋尚華(中)

Shang with Yang Gongyu (right) and Song Shanghua (middle) from Xi'an Yisu Troupe in 1957.

1957 年尚小雲與陝西戲劇界人士(左起：田榮芬、尚長榮、封至模、尚小雲、袁多壽、黃俊耀、李正敏)

Shang with personalities from the drama circle in Shaanxi in 1957.

1958 年尚小雲與川劇名旦周慕蓮
Shang with Zhou Mulian, a well-known Sichuan Opera *dan* actor in 1958.

1961 年尚小雲與電影演員趙聯(左)、于洋(右)
Shang with movie actors Zhao Lian (left) and Yu Yang (right) in Xi'an in 1961.

1961 年尚小雲與電影演員秦文(左一)、楊静(右二)等
Shang with movie actresses including Qin Wen (left 1st) and Yang Jing (right 2nd) in Xi'an in 1961.

1962 年尚小雲與電影演員陳强(中)、趙子岳(右)
Shang with movie actors Chen Qiang (middle) and Zhao Ziyue (right) in 1962.

1963 年 6 月尚小雲與侯喜瑞在西安合影(左起：尚長春、尚小雲、田中玉、侯喜瑞、尚長榮)
Shang with Hou Xirui and others in Xi'an in Jun. 1963.

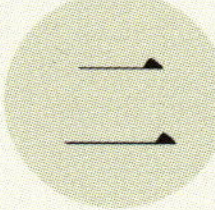

二　齊家以和

Ⅱ. Harmonious within the Family

20世紀20年代尚小雲與母親

Shang with his mother in the 1920s.

尚小雲成名之後，不忘根本，不僅嚴于律己，又善于治家。

尚小雲事母至孝，在梨園界是出名的孝子。他對母親含辛茹苦的養育之恩銘記不忘，無論多麽忙，只要是母親有所吩咐，必躬親趕辦，不敢稍有遲延。

1931 年 11 月北平戲劇界同仁爲尚母祝壽（前坐者左爲尚富霞、右爲尚小雲，小孩爲尚長春）

In Nov. 1931, some personalities from Beijing drama circle celebrated the birthday of Shang's mother (the left of the two sitting in the front is Shang Fuxia and the other is Shang, and the child is Shang Changchun).

1918年，尚小雲與名淨李壽山之女李淑卿結婚。李氏生長女秀琴、長子長春。1930年，李氏病逝。

尚小雲與髮妻李淑卿

Shang with his first wife Li Shuqing.

1931年，尚小雲續娶名旦王蕙芳之妹蕊芳。生次子長麟、三子長榮。王氏爲梅蘭芳表妹。她相夫教子，侍奉婆母，對丈夫的事業傾全力支持。

尚小雲與繼室王蕊芳

Shang with his second wife Wang Ruifang.

尚小雲(右)與長女秀琴游戲照

Shang (right) with his first daughter Xiuqin in stage costume, a photo for fun.

1933 年尚小雲、王蕊芳夫婦及長子長春在北平椿樹下二條尚宅
Shang with his wife Wang Ruifang and the first son Changchun in Shang's home in Beijing in 1933.

1936 年尚小雲、王蕊芳夫婦携次子長麟在長沙
Shang with his wife Wang Ruifang and second son Changlin in Changsha in 1936.

1940 年尚小雲爲三子長榮百日留影
Shang and his 3rd son Changrong who was 100 days old.

1940 年，尚夫人王蕊芳與兒女及榮春社部分學生合影(左起：趙和春、李榮安、尚長麟、尚長春、王蕊芳、尚長榮、尚秀琴、孫榮蕙)

Shang's wife and children with some students from Rongchun Opera School in 1940.

尚門昆仲（右起：尚長春、尚長麟、尚長龍、尚長榮、尚長貴）

Shang's three sons and two nephews.

尚小雲之五弟富霞早年在富連成社坐科，學旦角。出科後，一直跟隨尚小雲，爲之配演小生。如《十三妹》中的安驥、《梅玉配》中的徐廷梅等都有出色表演。尚富霞隨尚小雲凡40餘年，走南闖北，合作演出過上百個劇目，已然成爲尚小雲不可一日或缺的左膀右臂。

1927年尚小雲、尚富霞昆仲拍完《婕妤當熊》劇照後戲拍此照(左一尚小雲、右一尚富霞)

Shang (left 1st) with his brother Shang Fuxia (right 1st) after close of "Concubine Jieyu Saves the Emperor from a Bear" in 1927.

在孩子們心目中，尚小雲是個嚴厲的父親。可當他們回首往事，無不敬佩父親的正直和敬業，感念父親撫育授業的一片苦心。

尚小雲向來重視對子女的教育。他要求三個兒子先學做人，後學演戲，家教十分嚴格。對兒子投師學藝，他力行因材施教，使孩子們在良好的藝術氛圍和名師的指教下各展其才，最終一一成爲梨園翹楚。

長春、長麟、長榮昆仲繼承發揚了尚小雲獻身京劇事業的精神，將尚派的剛健之風融入各自的表演中，人稱“尚門三傑”。

1951 年尚長春、尚長麟、尚長榮與父親在南京
Shang Changchun, Shang Changlin, Shang Changrong with his father in Nanjing in 1951.

1960 年，爲拍攝《尚小雲舞臺藝術》尚氏昆仲三人齊集西安(左起：尚長榮、尚長春、尚小雲、封順、尚長麟)
In 1960, for shooting the movie "The Theatrical Art of Shang Xiaoyun", three sons of Shang gathered in Xi'an.

尚小雲長子尚長春，生于1928年。8歲學戲，初在富連成科班師從王連平，後拜丁永利、陳富康、沈富貴爲師，再入榮春社，學楊（小樓）派武生。10歲時拜尚和玉爲師。出科後隨父演戲多年。尚長春藝兼楊、尚兩家，是著名武生。

尚長春和父親(1960年)

Shang Changchun and his father in 1960.

尚長春與師父沈富貴(1938 年)

Shang Changchun with his master Shen Fugui in 1938.

尚長春與蒙師耿明義(1962 年)

Shang Changchun and his first master Geng Mingyi in 1962.

1945 年 10 月 24 日，尚長春新婚時到賀嘉賓合影（前排左起：毛世來、李世芳、荀令香 、張君秋、李萬春、李少春、陳大濩、孫盛武、張永祿；後排左起：王嘉春、孫榮蕙、李德奎、李幼春、陳少霖、任志秋、張榮善、李榮安等）

Shang Changchun with guests for his marriage ceremony on Oct. 24, 1945.

尚長春在《長坂坡》中飾趙雲
Shang Changchun as Zhao Yun in "Changban Po".

尚小雲、尚長春之《汾河灣》
Shang and his son Shang Changchun in "By the Fenhe River Bend".

1986年尚長春應邀爲陝西省戲曲學校學生授課
Shang Changchun was coaching the students of Shaanxi Pronvincial Opera School at their invitation in 1986.

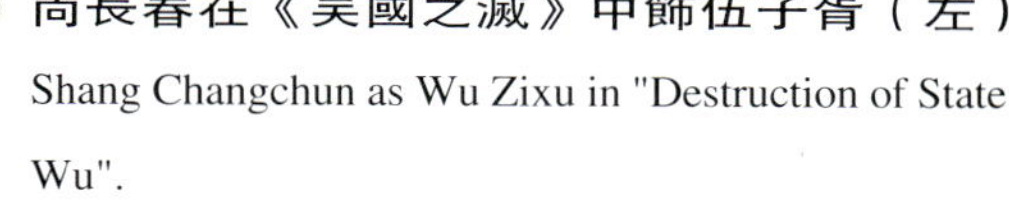

尚長春在《吴國之滅》中飾伍子胥（左）
Shang Changchun as Wu Zixu in "Destruction of State Wu".

尚小雲次子尚長麟，生於1932年。幼時在榮春社習青衣、花旦。青衣啓蒙老師李凌楓，花旦啓蒙老師于連泉。後相繼拜荀慧生、梅蘭芳、程硯秋爲師；並隨父親學藝，深得尚派藝術真傳。

20世紀40年代尚長麟和父親
Shang Changlin with his father in the 1940s.

尚小雲、尚長麟之《汾河灣》
Shang and his son Shang Changlin in "By the Fenhe River Bend".

尚長麟在《九曲黄河陣》中飾木吒
Shang Changlin as Muzha in "Yellow River Battle Formation".

尚長麟在《霸王别姬》中飾虞姬
Shang Changlin as Yu Ji in "The King's Parting with His Favourite".

尚長麟在《漢明妃》中飾王昭君
Shang Changlin as Wang Zhaojun in "Concubine Mingfei of Han".

1960 年，爲拍攝《尚小雲舞臺藝術》，尚長麟趕赴西安與父親排練《失子驚瘋》
In 1960, for shooting the movie "The Theatrical Art of Shang Xiaoyun", Shang Changlin came to Xi'an to rehearse "Insane by Losing Her Son" with his father.

尚長麟與夫人陳寶成及子女
Shang Changlin with his wife Chen Baocheng and their children.

1951 年，長春、長麟隨尚小雲京劇團南下巡迴演出。在南京休整時，應江蘇文化部門的要求，尚小雲慨然將長春、長麟留在南京，組建新寧實驗京劇團。長春後於1955年調佳木斯市京劇團，任團長；1979年調中國戲曲學院任教。長麟於 1960 年調山東，歷任山東省京劇團團長、山東省戲曲學校校長等職。

尚小雲三子尚長榮，生於1940年。5歲登臺，後習花臉。10歲起，先後師從陳富瑞、李克昌、蘇連漢、侯喜瑞等花臉名家，並得益于父親的指撥，且轉益多師，終爲自成一家的著名花臉演員。

20世紀50年代尚長榮和父親

Shang Changrong with his father in the 1950s.

長春、長榮昆仲演出《長坂坡》後（左起：尚長榮、尚小雲、侯喜瑞、尚長春）

The two brothers Changchun and Changrong after jointly performing "Changban Po" (from left: Shang Changrong, Shang, Hou Xirui and Shang Changchun).

尚長榮在《盜御馬》中飾竇爾墩

Shang Changrong as Dou Erdun in "Stealing the Royal Horse".

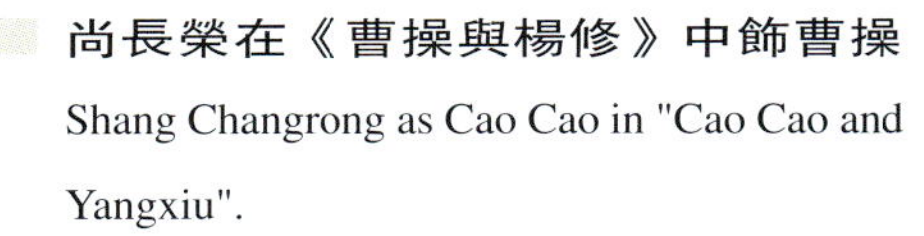

尚長榮在《曹操與楊修》中飾曹操

Shang Changrong as Cao Cao in "Cao Cao and Yangxiu".

尚長榮在《大回朝》中飾聞仲
Shang Changrong as Wen Zhong in "Returning to the Capital".

尚長榮在《連環套》中飾竇爾墩
Shang Changrong as Dou Erdun in "Interlocking Stratagems".

尚長榮與夫人高立驪
Shang Changrong with his wife Gao Lili.

1972 年長媳杜璽英併長孫尚繼春在西安與父母及七姨王仲芳合影（右起：王蕊芳、尚繼春、尚小雲、杜璽英、王仲芳）

A photo taken in 1972 with some members of his family.

1974 年尚小雲與女兒尚秀琴、女婿任志秋、外孫女任二娟等在北京合影（後排右起：尚秀琴、尚小雲、任二娟、任志秋、高立驪）

In 1974, Shang with his daughter Shang Xiuqin, son-in-law Ren Zhiqiu and grand daughter Ren Erjuan and others in Beijing.

1975 年尚小雲與孫子大元、大銘、大鈞在西安蓮湖路家中

Shang with his grandsons: Dayuan, Daming and Dajun in his home at Lianhu Road, Xi'an.

尚小雲教子極嚴。他曾說："積金遺子孫，子孫未必守；積德遺子孫，方可用長久。"他成名既早，而平生烟酒不沾，惟以書畫自娱，曾花費多金搜求古玩字畫，爲梨園界收藏名家。1959年4月16日，剛到陝西不久的尚小雲慨然將珍藏多年的名人字畫、玉器66件捐獻給陝西省博物館，使民族文化珍品真正成爲全民公器。

尚小雲捐獻書畫之一部分
Some of the Painting and Calligraphy Works Donated by Shang.

明代張瑞圖行書條幅
Calligraphy works by Zhang Ruitu of the Ming Dynasty.

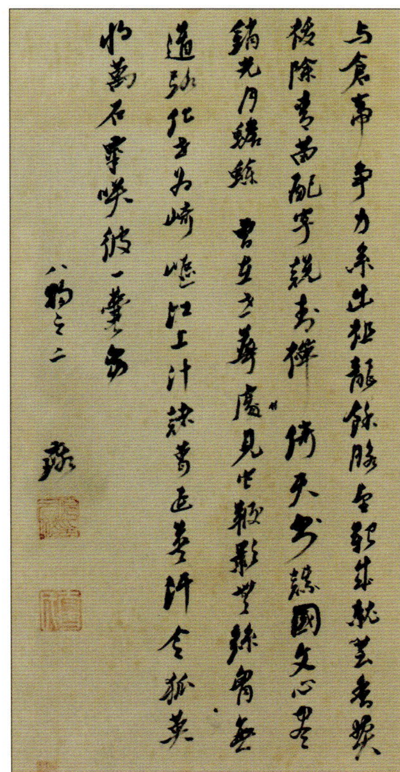

明代倪元璐行書條幅
Calligraphy works by Ni Yuanlu of the Ming Dynasty.

明代藍瑛山水條幅
Painting by Lan Ying of the Ming Dynasty.

清代顧鶴慶蕉山秋霄條幅
Painting by Gu Heqing of the Qing Dynasty.

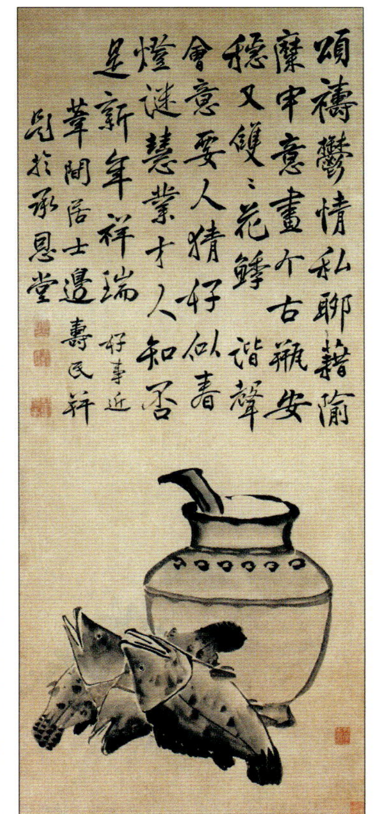

清代邊壽民平安圖條幅
Painting by Bian Shoumin of the Qing Dynasty.

王夢白樓臺條幅

Painting by Wang Mengbai.

齊白石鍾馗圖

Painting by Qi Baishi.

尚小雲捐獻名人字畫、玉器目録

（66 件）

（宋）宣和畫鷹條幅
（宋）趙千里青綠山水條幅
（元）唐棣飛瓊圖條幅
（明）冷謙人物條幅
（明）金聖歎行書條幅
（明）海瑞草書條幅
（明）楊繼盛行書條幅
（明）史可法行書條幅
（明）倪元璐行書條幅
（明）董其昌書法條幅
（明）張瑞圖行書條幅
（明）唐寅荷花條幅
（明）趙左雪景條幅
（明）趙左設色山水八開
（明）周之冕八哥樹林條幅
（明）周之冕翎毛花卉條幅
（明）藍瑛山水條幅
（明）徐渭花卉二喬條幅
（明）謝時臣山水條幅
（明）八大山人草書條幅
（明）戚繼光行書條幅
（明）陸治石壁圖條幅
（明）劉珏山水條幅
（明）陳星海秋林讀書圖
（明）黃鉞歲朝清供圖
（清）董誥雪景附乾隆題條幅
（清）董誥靈岩山條幅
（清）董誥靈岩山條幅
（清）石濤山水條幅
（清）石濤山水册頁十二條
（清）陳洪綬人物條幅
（清）新羅山人花鳥條幅
（清）張崟萬松圖條幅
（清）高其佩觀瀑圖條幅
（清）潘恭壽寒江獨釣圖條幅
（清）潘恭壽仿宋山水條幅
（清）翁壽如雪景條幅
（清）李永之金山水寺景條幅
（清）邊壽民平安圖條幅
（清）錢坫篆字條幅
（清）金農漆書對聯
（清）鄧石如隸書對聯
（清）鄭燮隸書對聯
（清）徐渭畫鵝條幅
（清）瑶華道人山水册頁十二開
（清）瑶華道人山水册頁大十二開
（清）顧見龍李笠翁小像
（清）顧見龍聖賢册頁十開
（清）吴履仕女小照
（清）李鱓五松圖
（清）金農達摩像
（清）鄧石如隸書條幅
（清）潘思牧烟雨圖
（清）李世倬觀瀑圖
（清）沈銓桃花樹林條幅
（清）黄慎樹蔭三馬圖
（清）黄慎太白飲酒圖
（清）黄慎梅花條幅
（清）顧鶴慶蕉山秋霄條幅
（清）方觀承字册八開
（清）宋葆淳鴛鴦條幅
王夢白樓臺條幅
齊白石鍾馗圖
清御賜折扇兩匣(每匣兩件)
漢白玉玉圭一件
漢白玉玉璧一件

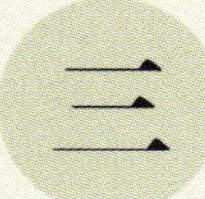

三　不絕如縷

Ⅲ. Everlasting Influence

20世紀50年代的尚小雲

Shang in the 1950s.

師從張君秋的顧正秋在臺灣演出尚派劇目《漢明妃》
Gu Zhengqiu, whose mater is Zhang Junqiu, performed the Shang School's piece "Concubine Mingfei of Han" in Taiwan.

尚小雲生前最後十餘年間，正值“文化大革命”浩劫，華夏民族在精神上遭遇重創，數千年文明歷史在一瞬間變得滿目瘡痍。尚小雲作爲京劇藝術代表人物，浩劫中被禍尤劇，於極度困境中抱恨以終。時爲1976年4月19日凌晨。

20世紀70年代後期，動亂結束，春臨大地，百廢俱興。中華民族開始爲新的振興努力。同時，籠罩在尚小雲頭上十餘年的陰霾爲之一掃。1980年10月，中華人民共和國文化部爲尚小雲在北京舉行了追悼會，並爲之平反昭雪。周揚主持大會，鄧小平等送了花圈。周巍峙致悼詞，對尚小雲創立尚派藝術、培養京劇藝術人才、爲京劇藝術發展作出的重大貢獻給予了高度評價。

隨着尚小雲的平反，尚派藝術在尚小雲傳人弟子如尚長麟、孫榮蕙、楊榮環、李喜鴻、李翔、鮑綺瑜、孫明珠以及再傳如尚慧敏、李莉、鞠小蘇等的努力下，逐漸復得見於舞臺。一批尚派藝術音像資料也被陸續複製出版。

師從孫榮蕙的尚派傳人李莉在《失子驚瘋》中飾胡氏
Li Li, who is a disciple of the Shang School and whose master is Sun Ronghui, played as Hu Shi in "Insane by Losing Her Son".

師從尚長麟的尚派傳人鞠小蘇在《失子驚瘋》中飾胡氏
A Shang School disciple Ju Xiaosu, whose master is Shang Changlin, played as Hu Shi in "Insane by Losing Her Son".

師從孫榮蕙的尚派傳人李曉蘭在《失子驚瘋》中飾胡氏

Li Xiaolan, a disciple of the Shang School whose master is Sun Ronghui, played as Hu Shi in "Insane by Losing Her Son ".

尚小雲長孫女尚慧敏在《失子驚瘋》中飾胡氏

Shang Huimin, Shang's first grand daughter, as Hu Shi in "Insane by Losing Her Son".

尚慧敏、尚繼春姐弟爲祖父尚小雲《武家坡》録音配像

Shang Huimin and her brother Shang Jichun were performing for video recording matched with their grandfather Shang Xiaoyun's audio recording in "Wujia Po".

1949 年以前尚小雲在各唱片公司灌有許多唱片，是研究尚派聲腔藝術的寶貴資料。其中部分唱片在 1949 年以後又進行了翻製。這是各個時期出版的尚小雲的部分唱片。

Before 1949, the gramophone recording companies published many gramophone records for Shang, which are valuable materials for studying the Shang School art. Some of the records later were reproduced. These are the records published in different times.

20 世紀 80 年代後出版的部分尚小雲音、影資料

Shang's audio and video materials published after the 1980s.

1982年8月，尚小雲表演藝術研究會在北京成立。

1984年1月12日至16日，中國戲劇家協會等7個單位在北京舉行了“尚小雲先生誕辰85周年紀念演出”。曾經受業於尚門和當年坐科榮春社的京劇著名演員如吴素秋、楊榮環、孫榮蕙、方榮翔、童葆苓、馬長禮、劉秀榮、謝鋭青以及尚長春、尚長榮，譚派鬚生孫鈞卿等數十人主動請纓聯袂參加，上演了尚派代表作《漢明妃》、《乾坤福壽鏡》、《摇鼓戰金山》等劇目，盛極一時。

此後尚小雲95歲誕辰、100歲誕辰都舉行了紀念活動，各地不同規模的紀念活動時有所聞，尚派劇目不時得見於京劇舞臺。

尚小雲誕辰85周年紀念演出説明書

The program with synopsis of the commemorative performance for the 85th anniversary of the birth of Shang.

紀念尚小雲誕辰85周年首場演出後，尚小雲夫人王蕊芳(後右五)與尚長春(後右三)向演員和觀衆致謝

After the first performance, Shang's wife Wang Ruifang and his son Shang Changchun expressed thanks to the performers and audience.

尚小雲誕辰95周年、100周年學術研討、紀念演出説明書

The programs of the commemorative shows for the symposia held for Shang's 95th and 100th birthdays respectively.

2000年元月在西安舉辦的紀念尚小雲誕辰100周年專場演出説明書

In Jan. 2000, a special commemorative show was given in Xi'an in the commemoration of the centenary of the birth of Shang .

2000年1月，尚小雲藝術研究室成立，吴素秋、尚長榮任主任，李喜鴻、王玉珍任副主任。

尚派藝術植根於華夏大地，如涓涓細流，不絶如縷，在民族文化長河中獲得永生。

尚小雲演出用過的輦圍子(李喜鴻提供)

The traditional Chinese stage prop *nianweizi* used by Shang in performance. (provided by Li Xihong)

尚小雲演出用過的扇子(劉秀榮提供)

The fan used by Shang. (provided by Liu Xiurong)

尚小雲一生，愛國敬業，孜孜以求。其剛直不阿的鮮明個性、爐火純青的精湛技藝、獨樹一幟的藝術風格、一絲不苟的治學態度、德藝俱馨的人格魅力，均令人敬仰，垂範後學。

尚小雲對民族戲曲藝術的卓越貢獻，已成爲民族文化的寶貴財富，足以光照千古，與世永存。

北京市戲曲學校内的尚小雲半身銅像
（爲紀念尚小雲誕辰100週年而立）
A bronze bust of Shang Xiaoyun set up for his centenary on the campus of Beijing Opera School.

附 录

APPENDIX

尚小雲1949年以前唱片資料

A List of Recordings of Shang Xiaoyun Published before 1949

1923年

【百代】

《刺湯》、《春秋配》、《得意緣》、《秦良玉》、《御碑亭》

1929年

【高亭】

《玉堂春》(1-2)、《雙官誥》、《二進宮》、《五龍祚》(1-2)、《雷峰塔》(1-2)、《千金全德》("焚約""洞房""嫁娶"〈1-2〉)、《打漁殺家》、《摩登伽女》

【開明】

《摩登伽女》、《珍珠扇》、《四郎探母》(《坐宫》、《盜令》各一，與郭仲衡合灌)

【蓓開】

《青門盜綃》、《相思寨》、《雙官誥》、《牧羊卷》(與李寶奎合灌)、《三娘教子》、《林四娘》

1930年

【勝利】

《卓文君》(與尚富霞合灌)、《遊園驚夢》、《女起解》、《戰蒲關》、《貴妃醉酒》(1-2)、《秦良玉》、《珍珠扇》

1931年

【長城】

《花蕊夫人》、《摩登伽女》、《相思寨》、《女起解》、《牧羊卷》、二本《虹霓關》、《貴妃醉酒》、《三娘教子》(與王少樓合灌)

【高亭】

《戰蒲關》、《二進宮》(1-4)(與裘桂仙、王少樓合灌)、《桑園會》(1-2)(與馬連良合灌)、《南天門》(與王少樓合灌)、《武家坡》(2)(與王少樓合灌)

1933年

【百代】

《峨嵋劍》、《御碑亭》、《金榜樂》、《忠孝牌》

【麗歌】

《雷峰塔》(1-2)、《擂鼓》

1934年

【百代】

《相思寨》、《三娘教子》(1-2)

1935年

【高亭】

《四郎探母》(1-2)(《坐宫》、《回令》，與馬連良合灌)

【蓓開】

《打漁殺家》(1-2)(與王少樓合灌)、《秋胡戲妻》(1-2)(與王少樓合灌)

尚小雲藝事年表草

A Chronology of Shang Xiaoyun

張偉品　鈕　驃

1900年（清光緒二十五年/二十六年，己亥/庚子）生

尚小雲，字綺霞，乳名德泉，原籍河北南宫[1]。其先隸漢軍旗籍。祖志銓，曾官清遠（一説定遠）縣令[2]。父元照，清蒙古那王府執役。母，張文通。

元月7日（光緒二十五年臘月初七）生於北京。

德泉行二，兄德海。

是年，庚子國變。德泉尚在襁褓，舉家被禍。

1905年（清光緒三十一年乙巳）5歲

附讀私塾。

是年，父元照病故，家道中落。全家僅靠母親以撿廢紙、換肥子兒爲生。

1906年（清光緒三十二年丙午）6歲

仍附讀私塾。

是年，五弟德禄生，乳名小五兒。

德泉有弟三人，名德福、德來、德禄。另有一姊，名金環。

1907年（清光緒三十三年丁未）7歲

春，輟學。

張太夫人擬送德泉、德福入喜連成班科班。喜連成班掌班葉春善以尚氏昆仲"骨架過大，非學藝之材"不納。遂轉拜名藝人李春福爲手把徒弟，習老生。

1909年（清宣統元年己酉）9歲

仍從李春福學藝。

因家貧，德泉弟德來及姊金環夭逝。長兄德海離家出走，下落不明。

是年，李際良、薛固久、孫佩亭等創三樂班科班。德泉及弟德福由李春福介紹入三樂班坐科。德泉易名三錫，德福易名三霞。

1910年（清宣統二年庚戌）10歲

在三樂班。

三錫初學武生，師從趙春瑞。首演《鄭州廟》，飾黄天霸。春瑞督之甚嚴，三錫練功亦勤，因而幼功根基甚佳。惟以家貧，食不果腹爲其常事，故登臺每以體弱不能支。

李際良先命改花臉，學《空城計》司馬師等角色，後因三錫面貌俊秀、嗓音清朗，即從净行教師陳四之議，命改旦角。開蒙爲唐竹亭，學《桑園會》、《彩樓配》、《蘆花河》、《二進宫》等戲。

竹亭名茂，性暴躁，三錫每受笞責。某日學《落花園》，因落腔反復數遍有誤，被唐以戒方戳入腹部，急送楊仲玉醫院診治。後遺打嗝症，終身未愈。

1911年（清宣統三年辛亥）11歲

仍在三樂。隨名旦孫怡雲學。怡雲曾爲内廷民籍教習，

爲青衣正宗。三錫從其學，遂易名小雲[3]，由此奠定其青衣正宗之基礎，畢生藝業受惠於怡雲者極深。是年，隨三樂班赴天津，演於廣和茶樓。戲碼爲《别宫祭江》、《桑園會》、《蘆花河》、《硃砂痣》等。

1912 年（民國元年壬子）12 歲

在科班，隨班學戲並演出。

4月30日，廣和樓白天，趙鳳鳴、尚小雲之《蘆花河》，列第五齣。

9月6日，廣和樓白天，趙鳳鳴、尚小雲之《蘆花河》，列第三齣。

10月29日，廣和樓白天，男女合演。尚小雲之《别宫》，列第七齣。

1913 年（民國二年癸丑）13 歲

是年，薛固久、孫佩亭二人退出三樂班。三樂班由李際良一人執掌，改名正樂。尚小雲仍在班中，邊學戲邊演出。

10月28日，民樂園白天，王三黑、尚小雲等演《長坂坡》。

1914 年（民國三年甲寅）14 歲

仍在正樂班。演出日多，與荀慧生(白牡丹)、趙桐珊(芙蓉草)合稱“正樂三傑”。自舊曆甲寅年起，奉當局令，各戲班班名均改“班”爲“社”。正樂科班亦改名正樂社。

4月16日，民樂園白天，荀慧生演《忠孝圖》，趙桐珊、孫慶仙演《汾河灣》，劉鳳奎、尚小雲、高月霞、王三黑演《嘉興府》。

4月19日，民樂園白天，趙桐珊演《帥府招親》，荀慧生演《採花趕府》，尚小雲、趙鳳鳴、王三黑演《千里駒》。

6月6日，吉祥園夜戲，趙桐珊、荀慧生演《鐵弓緣》，尚小雲、趙鳳鳴演《硃砂痣》，尚小雲、荀慧生、沈三玉、趙鳳鳴演《佛門點元》。

12月，孫菊仙返京，於張鎮芳堂會中與小雲演《硃砂痣》；後有賑災義演，與小雲合演《三娘教子》、《硃砂痣》、《戰蒲關》等戲。

1915 年（民國四年乙卯）15 歲

仍在正樂社，隨班出演，本年多於丹桂園演白天戲。

5月28日，尚小雲第三齣演《五花洞》。

6月12日，尚小雲、王三黑、沈三玉、劉鳳奎大軸演《戰金山》。

7月14日，尚小雲、劉鳳奎、沈三玉大軸演《取金陵》。

7月16日，尚小雲壓軸演《宇宙鋒》（帶“金殿”）。

7月27日，尚小雲、王三黑、康黑兒(一陣風)、劉鳳奎大軸演《金山寺》。

8月5日，尚小雲壓軸演《馬蹄金》。

是年，北京《國華報》菊選揭曉，小雲於童伶中名列前茅，得領“博士”。

1916 年（民國五年丙辰）16 歲

年初，仍在正樂社，隨班演出。

7月30日，民樂園白天，尚小雲演《宇宙鋒》。

8月17日，正樂社報散，尚小雲出科。

10月20日，尚小雲、龔雲甫在第一舞臺合演《母女會》。

11月，由孫怡雲介紹，搭入俞振庭春和社，爲正式搭班之始。班中角色有時慧寶、高慶奎、劉景然、黄潤卿、路三寶、程繼先、李連仲、朱桂芳等，演《貴妃醉酒》、《四郎探母》、《虹霓關》、《玉堂春》等戲。

11月15日，吉祥園白天，黄潤卿、尚小雲、路三寶之《虹霓關》壓軸。

12月1日，文明園白天，時慧寶、尚小雲之《探母回令》大軸。

是年，小雲弟德福(尚三霞)在科班被打致死。

1917 年（民國六年丁巳）17 歲

元月9日，吉祥園白天，尚小雲、黄潤卿、路三寶之《虹霓關》倒第三，時慧寶之《雍涼關》壓軸，大軸爲譚鑫培、譚小培、增長勝之《碰碑》。這是小雲首次與老譚同臺。

元月28日(舊曆正月初六)抵滬。應上海天蟾舞臺之邀，赴滬演出。同臺有時慧寶、林樹森、趙君玉、小楊月樓、小楊菊笙等，演出劇目《宇宙鋒》、《彩樓配》、《玉堂春》、《桑園會》、《落花園》、《六月雪》、《孝感天》、《别宫》、《教子》、《白蛇傳》、《雁門關》等，並參加了《忠烈圖》、《金槍傳》、《鏡花緣》的演出。

7月，返京，初與荀慧生、薛固久等同演於廣興園。

7月4日，廣興園白天，尚小雲赴滬半年回京初次登臺。開場時慧寶演《硃砂痣》，尚小雲演《彩樓配》，郭寶臣演《回荆州》，荀慧生演《紅鸞禧》，薛固久演《南天門》，周瑞安、郝壽臣、路三寶演《戰宛城》。

8月5日，廣興園白天，尚小雲演《玉堂春》。

9月8日，廣興園白天，尚小雲、高慶奎演《武家坡》。

9月21日，搭同慶社，同班有王又宸、許蔭棠、龔雲甫、郝壽臣、王長林、李連仲、范寶亭、沈華軒、荀慧生、許德義、朱桂芳等，演於慶樂園。當日白天，尚小雲之《彩樓配》壓軸，大軸爲王又宸、郝壽臣之《失街亭》(帶“斬謖”)。

11月2日，北京《順天時報》菊選披露：劇界大王梅蘭芳、童伶第一尚小雲、坤伶第一劉喜奎。

11月8日，尚小雲、荀慧生之《虹霓關》列壓軸。

12月25日，改搭桐馨社，演於第一舞臺。同班有楊小樓、王又宸、許蔭棠、高慶奎、龔雲甫、荀慧生、朱桂芳、許德義、董俊峰等。當日夜戲，大軸楊小樓、尚小雲、高慶奎、許德義之《長坂坡》。

12月29日夜戲，壓軸爲楊小樓、高慶奎、尚小雲、荀慧生之《招賢鎮》。

是年，拜名青衣張芷荃爲師。

1918 年（民國七年戊午）18 歲

仍搭桐馨社，在第一舞臺演夜場。同時兼搭瑞慶社，日場演於三慶園。同班有周瑞安、郝壽臣等。

元月3日，小雲五弟小五兒經《順天時報》記者、日人辻武雄[4]並譚小培介紹，入富連成社科班學戲，取名尚富霞。

元月6日，第一舞臺，尚小雲與高慶奎演《蘆花河》。

元月16日，總統府堂會，與楊小樓、錢金福、梅蘭芳演《長坂坡》。

元月18日，第一舞臺，尚小雲之《女起解》，列第三齣；大軸楊小樓、錢金福、羅福山、王長林、趙芝香等演《寧武關》。

元月23日，三慶園白天，尚小雲、陳文啓演《孝義節》。

2月16日，於本宅拜名丑陸金桂爲師學崑曲。

2月20日-23日，三慶園，尚小雲演《金光陣》、《桑園會》、《孝義節》。

2月24日，第一舞臺夜戲，尚小雲、荀慧生演《虹霓關》。

3月9日，第一舞臺，楊小樓、尚小雲、錢金福、李順亭等初排《楚漢爭》(前本)。

3月13日，三慶園白天，高慶奎、尚小雲演《戰蒲關》。

4月6日-7日，第一舞臺夜戲，楊小樓、尚小雲、錢金福、高慶奎之頭二本、三四本《楚漢爭》初演。

4月17日，三慶園白天，與高慶奎演《汾河灣》。

4月21日，三慶園白天，高慶奎、尚小雲演《趕三關》。第一舞臺夜戲，尚小雲演《硃砂痣》。

4月28日，第一舞臺夜戲，尚小雲、龔雲甫演《母女會》。大軸楊小樓、賈壁雲之頭本《宏碧緣》初排。

5月26日，中國銀行總裁馮幼偉家堂會，尚小雲參加三個劇目。大軸《八蜡廟》，楊小樓飾費德功，余叔岩飾褚彪，俞振庭飾黄天霸，梅蘭芳、朱桂芳分飾前後張桂蘭，王鳳卿飾施仕倫，王長林飾朱光祖，李連仲飾金大力，張文斌飾張媽，尚小雲、程艷秋分飾小姐、丫鬟。另一齣《滿床笏》，七子八婿一齊拜壽，共用17個旦角，有梅蘭芳、王蕙芳、朱幼芬、賈壁雲、荀慧生、尚小雲、趙桐珊、王麗卿、程艷秋等。還與荀慧生合演《虹霓關》。

6月7日，第一舞臺夜戲，高慶奎、尚小雲演《武家坡》。

6月13日，第一舞臺夜戲，賈壁雲、尚小雲演《虹霓關》。

7月5日，三慶園白天，尚小雲演《祭塔》。

7月6日，三慶園白天，尚小雲初演《貴妃醉酒》。

8月，上海天蟾舞臺因房屋租賃合同期滿歇夏，經續訂租期，重新裝修開幕。特聘南北京劇名家李桂春(小達子)、尚和玉、吴鐵庵、尚小雲、林顰卿、張德俊、林樹森等露演。此爲尚小雲第二次赴滬。演《玉堂春》、《祭塔》、《彩樓配》、《貴妃醉酒》、《虹霓關》、《樊江關》、全本《穆柯寨》、《白蛇傳》等劇。

8月21日，天蟾舞臺夜場，尚小雲演《武家坡》。

9月，與名净李壽山之女李淑卿完婚。

10月，搭入福慶社，爲二牌旦角。同班有譚小培、王長林、郝壽臣、閻嵐秋(九陣風)、龔雲甫、孫喜雲、李順亭、德珺如、諸如香等。白天演於三慶園。

10月13日，返京頭天，尚小雲、龔雲甫演《孝義節》。

11月13日，在萬福居設宴，拜陳德霖爲師[⑤]。

12月24日，第一舞臺義務夜戲，尚小雲、荀慧生演《虹霓關》。

1919年(民國八年己未)19歲

年初，仍在福慶社。

元月23日，三慶園白天，尚小雲之《昭君出塞》初演。

元月26日，離京南下，第三次赴滬。

2月1日(己未元旦)，與譚小培同演於天蟾舞臺。劇目有《穆柯寨》、《汾河灣》、《打漁殺家》、《白蛇傳》、《母女會》、《女起解》、《二進宫》等。

3月，回京，搭雲華社爲二牌旦角，白天演於三慶園。同班有譚小培、閻嵐秋、王長林、趙桐珊、康喜壽等。

5月8日，三慶園，尚小雲、譚小培、王長林演《慶頂珠》。

6月，雲華社移丹桂園，演夜場。

6月26日，尚小雲演《貴妃醉酒》。

9月，應上海天蟾舞臺之邀，第四次赴滬。同行者爲楊小樓、譚小培、荀慧生(白牡丹)，此行被稱爲"三小一白下江南"。尚小雲演《貴妃醉酒》、《玉堂春》、《宇宙鋒》、《彩樓配》、《祭塔》、《雁門關》等戲，與楊小樓合演《楚漢爭》、《長坂坡》等戲，與譚小培合演《汾河灣》、《南天門》、《武家坡》、《桑園會》等戲，與荀慧生合演《虹霓關》等戲。

9月9日，夜場，天蟾舞臺打炮戲，倒第三荀慧生演《花田錯》，壓軸譚小培、尚小雲演《汾河灣》，大軸楊小樓演《長坂坡、漢津口》。

10月20日，楊小樓、林樹森、尚小雲、李連仲、范寶亭演《長坂坡、漢津口》。

10月21日，今起，楊小樓早車赴杭州天竺進香，譚、尚、荀續演。夜場合演全部《紅鬃烈馬》。

11月11日，譚小培、尚小雲演《討魚税》。即日起，天蟾舞臺增聘蓋叫天、小楊月樓等。

11月14日，楊小樓返滬登臺。當天夜場，尚小雲演《玉堂春》，楊小樓、譚小培演《盗御马、連環套》。

11月17日，全體合演《新八蜡廟》。楊小樓飾褚彪，尚小雲飾小姐，荀慧生飾張桂蘭，蓋叫天飾黄天霸，王鴻壽(三麻子)飾施仕倫。

是年，達仁堂藥棧開幕堂會，大軸演《溪皇莊》，余叔岩飾褚彪，楊小樓飾花德雷，跑車十女爲梅蘭芳、王蕙芳、賈壁雲、朱幼芬、尚小雲、荀慧生、朱桂芳等。尚小雲另與時慧寶合演《硃砂痣》。

1920年(民國九年庚申)20歲

元月3日，上海天蟾舞臺，楊小樓、尚小雲臨别紀念最後一場，各演雙齣，楊小樓之《惡虎村》，尚小雲之《金殿裝瘋》，合演《長坂坡》。

元月31日，第一舞臺義務夜戲，尚小雲、閻嵐秋之《虹霓關》倒第三。其餘爲俞振庭之《挑華車》，于連泉(小翠花)之《貴妃醉酒》，程艷秋、譚小培、榮蝶仙之《回龍閣》，壓軸王瑶卿、王鳳卿之《萬里緣》，大軸楊小樓之《惡虎村》。

2月，仍搭福慶社，與譚小培在三慶園演白天戲。同時，楊小樓由滬回京，與由漢口回京的余叔岩組中興社，約尚小雲加入爲二牌旦角，夜場演於吉祥園。

2月6日，回京頭天出演營業戲，三慶園白天，尚小雲演《貴妃醉酒》。

3月5日，吉祥園夜場，尚小雲演《玉堂春》，楊小樓、余叔岩合演《定軍山、陽平關、五截山》。

3月10日，三慶園白天，尚小雲演《女起解》。

4月14日，吉祥園，楊小樓、尚小雲、錢金福合演《長坂坡》。

4月15日，吉祥園，尚小雲、余叔岩演《打漁殺家》。

5月22日，妙峰山喜神殿義務戲，夜場演於吉祥園。孫菊仙(老鄉親)、尚小雲演《硃砂痣》。

9月，搭俞振庭雙慶社，夜場演於三慶園。同班有高慶奎、貫大元、閻嵐秋、德珺如等。

9月24日，三慶園夜場，尚小雲演《審頭》。

10月16日，第一舞臺義務戲，尚小雲、王蕙芳演《五花洞》。

10月18日，三慶園夜場，尚小雲之《思凡》初演。

11月9日，應上海天蟾舞臺之約，第五次赴滬。同行者爲龔雲甫、郭仲衡等。在滬期間，演《蘇三起解》、《宇宙鋒》、《彩樓配》、《雷峰塔》、《杏元和番》、《春香鬧學》等戲，與郭仲衡合演《汾河灣》、《御碑亭》、《楚將投吴》(《武昭關》)、《四郎探母》、《武家坡》等戲，與龔雲甫合演《母女會》、《別皇宫》，又與羅小寶合演《武家坡》、《桑園寄子》等戲，與于連泉合演《虹霓關》。

12月19日，友情挽留一天，全體合演全部《紅鬃烈馬》。

12月20日，與龔雲甫北返。

1921年(民國十年辛酉)21歲

年初，回京仍搭雙慶社，夜場演於中和園。

元旦，中和園夜戲，尚小雲演《貴妃醉酒》。

元月8日，第一舞臺義務夜戲，王又宸、尚小雲之《打漁殺家》，列倒第四。倒第三爲劉鴻昇、龔雲甫、陳德霖之《金水橋》，壓軸梅蘭芳、俞振庭之《奔月》，大軸楊小樓、郝壽臣之《連環套》。

元月9日，第一舞臺義務夜戲，尚小雲、貫大元演《武家坡》。

元月26日，三慶園夜戲，雙齣。尚小雲、貫大元演《桑園會》，大軸尚小雲、朱素雲演《奇雙會》。

2月2日，第一舞臺義務戲，尚小雲、高慶奎演《浣紗河》。大軸反串《八蜡廟》，尚小雲飾官將。

3月6日，三慶園夜場，尚小雲、高慶奎演《牧羊卷》。

3月30日，三慶園夜戲，尚小雲演《昭君出塞》。

4月8日，三慶園夜場，尚小雲、貫大元演《打漁殺家》。

4月17日，三慶園夜場，尚小雲、劉景然之《遊龍戲鳳》初演。

4月28日，三慶園夜場，尚小雲演《白雲仙姑》。

5月5日，三慶園夜戲，尚小雲、李壽山演《春香鬧學》。

5月11日，三慶園夜戲，尚小雲、貫大元演《女斬子》。

5月28日，三慶園夜場，尚小雲、俞振庭、諸如香演《五花洞》。

6月3日，三慶園夜戲，尚小雲、貫大元演《汾河灣》。今起，余叔岩亦搭入雙慶社，當晚演《定軍山》。

6月5日，三慶園夜戲，大軸余叔岩、尚小雲、王長林、錢金福演《打漁殺家》。

6月23日，三慶園夜場，尚小雲、貫大元演《桑園會》，大軸余叔岩、郝壽臣演《轅門斬子》。

7月6日，三慶園夜戲，尚小雲、余叔岩演《梅龍鎮》。

7月10日，三慶園夜戲，尚小雲、閻嵐秋、貫大元演《五花洞》。

8月2日，三慶園夜戲，尚小雲演《虹霓關》，大軸余叔岩演《南陽關》。

8月5日，三慶園夜戲，尚小雲演《三擊掌》，大軸余叔岩演《群英會》。

8月14日，三慶園夜戲，尚小雲、俞振庭演《五花洞》。

9月10日，三慶園夜戲，尚小雲、閻嵐秋演《虹霓關》(帶“洞房”)，大軸余叔岩演《打棍出箱》。

9月18日，三慶園夜戲，余叔岩、尚小雲、陳德霖演《探母回令》。

9月20日，第一舞臺夜戲，尚小雲、時慧寶演《硃砂痣》，倒第三余叔岩、郝壽臣演《罵曹》，壓軸楊小樓、龔雲甫、王鳳卿演《回荆州》，大軸梅蘭芳演《天女散花》。

10月14日，三慶園夜戲，尚小雲演《思凡》，大軸余叔岩、俞振庭演《連營寨》。

10月23日，三慶園夜戲，大軸尚小雲、德珺如演《玉堂春》。

11月6日，三慶園夜戲，尚小雲雙齣，前演《鬧學》，後與貫大元演《長坂坡》。

11月30日，三慶園夜戲，尚小雲、貫大元、郝壽臣演《雙错姻缘》(帶“大團圓”)。

12月10日，三慶園夜戲，尚小雲、朱素雲、李壽山之《風箏誤》初演。

12月12日，真光劇場開幕日場，譚小培、裘桂仙演《捉放曹》，于連泉演《貴妃醉酒》，尚小雲演《起解》，貫大元演《珠簾寨》。

12月25日，三慶園夜戲，尚小雲演《奇雙會》。

1922年(民國十一年壬戌)22歲

年初，仍在雙慶社。

元月13日，今起余叔岩搭入雙慶社。是晚，演於三慶園。壓軸尚小雲、朱素雲、李壽山之《風箏誤》，大軸余叔岩、錢金福、王長林、裘桂仙之《鬧府》。

元月22日，第一舞臺義務戲，尚小雲演《虹霓關》，大軸楊小樓、龔雲甫、王瑶卿、王鳳卿演《回荆州》。

3月，改搭成慶社，掛頭牌。同班有貫大元、王瑶卿、閻嵐秋、于連泉、王蕙芳等。

3月31日，慶樂園白天，尚小雲、貫大元之《汾河灣》列大軸。

4月1日，慶樂園白天，尚小雲之《鬧學》列大軸。

4月30日，慶樂園白天，尚小雲雙齣，前與貫大元演《汾河灣》，後與于連泉演《虹霓關》。

5月，仍回雙慶社。掛二牌，爲余叔岩挎刀。

5月31日，三慶園夜戲，壓軸尚小雲之《玉堂春》，大軸余叔岩之《盗宗卷》。

6月2日，三慶園夜戲，尚小雲、余叔岩演《梅龍鎮》。

6月10日，三慶園夜戲，尚小雲、余叔岩、陳德霖演《探母回令》。

6月14日，真光劇場白天，壓軸尚小雲之《祭塔》，大軸余叔岩、裘桂仙之《罵曹》。

7月，搭玉華社，同班有時慧寶、譚小培、周瑞安、劉景然、朱素雲、馬妙卿等。

7月9日，慶樂園白天，尚小雲、譚小培演《汾河灣》。

7月26日，中和園白天，尚小雲、朱素雲、馬富禄演《虹霓關》。

8月18日，中和園白天，尚小雲、時慧寶演《寶蓮燈》。

8月27日，中和園白天，尚小雲、譚小培、朱素雲、朱桂芳演《天河配》。

9月17日，中和園白天，全班合演全部《紅鬃烈馬》。尚小雲與譚小培演《武家坡》，與劉景然演《算糧》，與王瑶卿、時慧寶合演《回龍閣》。

9月20日，中和園白天，尚小雲、王瑶卿、譚小培演全本《梅玉配》。

10月8日，中和園白天，尚小雲雙齣，前演《刺湯》，後演《樊江關》。

10月29日，中和園白天，尚小雲雙齣，前與譚小培演《汾河灣》，後與王瑶卿演《兒女英雄傳》(《十三妹》)。

11月10日，中和園夜戲，尚小雲、王瑶卿演《樊江關》。

11月，清遜帝溥儀大婚。婚典以後，傳外班入内廷演戲三日爲賀。計新傳富連成社，外串：貫大元、蓋叫天、于連泉、郝壽臣、閻嵐秋、尚小雲、俞振庭、周瑞安、王文源（五齡童）、譚小培，添傳余叔岩。

12月，時慧寶辭班，尚小雲接掛頭牌。

12月2日，在漱芳齋，尚小雲演《鬧學》。

12月29日，中和園白天，尚小雲雙齣，前與馬連良演《三擊掌》，後與譚小培演《桑園寄子》。

1923年（民國十二年癸亥）23歲

本年仍在玉華社，出演於中和等戲園。

元月7日，第一舞臺義務戲，尚小雲、于連泉演《虹霓關》。其他：高慶奎演《鬧府》，程艷秋演《五花洞》，王鳳卿演《硃砂痣》，龔雲甫、陳德霖演《孝義節》，梅蘭芳演《遊園驚夢》，楊小樓演《長坂坡》。

元月10日，中和園白天，尚小雲、王瑶卿、馬連良、譚小培演全部《紅鬃烈馬》。

元月31日、2月1日，中和園白天，王瑶卿、尚小雲、馬連良、譚小培演全本《乾坤福壽鏡》。

2月11日，第一舞臺義務戲夜場，尚小雲、于連泉演《虹霓關》，後有余叔岩演《盗宗卷》，王又宸、陳德霖、龔雲甫演《四郎探母》，楊小樓、梅蘭芳、王鳳卿演《霸王別姬》。

2月22日，中和園白天，尚小雲、朱素雲演《奇雙會》。

3月1日，中和園白天，尚小雲、王瑶卿、程繼先、譚小培、朱桂芳、周瑞安之《蘭蕙奇冤》初演。

4月，應上海亦舞臺之邀，第六次赴滬。同行爲馬連良、王瑶卿、朱素雲等。演出《販馬記》、《玉堂春》、《鬧學》、《起解》、《虹霓關》、《思凡》、《祭塔》等戲。又與馬連良合演《南天門》、《寶蓮燈》、《御碑亭》、《汾河灣》、《審頭刺湯》、《法門寺》、《四郎探母》、《乾坤福壽鏡》等戲，與王瑶卿合演《雁門關》、《能仁寺》、《樊江關》等戲。

5月28日夜場，臨别紀念最後一天，馬連良、尚小雲、王瑶卿演前後本《乾坤福壽鏡》。

8月，返京後改搭俞振庭雙慶社。同班有馬連良、王又宸、于連泉、王長林、朱素雲等。

8月15日，回京頭天，廣德樓夜戲，尚小雲、馬連良演《寶蓮燈》。

8月28日，廣德樓夜戲，尚小雲、馬連良、王長林演《審頭刺湯》。

8月30日，廣德樓夜戲，尚小雲、王又宸、俞振庭、馬連良、朱素雲演《紅鬃烈馬》。

9月7日，廣德樓夜戲，尚小雲、馬連良演《遊龍戲鳳》。

10月16日，廣德樓夜戲，尚小雲、王鳳卿、朱素雲演《御碑亭》。

11月，前財政總長張英華在天津江西會館舉辦堂會，遍邀京角出演，楊小樓、余叔岩、龔雲甫、王瑶卿、尚小雲、高慶奎、于連泉、王鳳卿、郝壽臣等同行。尚小雲演《貴妃醉酒》。

12月7日，廣德樓夜戲，尚小雲、馬連良、朱素雲之《紅綃》首演。

是年，於百代公司灌製唱片5種，計《刺湯》、《春秋配》、《秦良玉》、《得意緣》、《御碑亭》各一。

1924年（民國十三年甲子）24歲

是年，仍在雙慶社。

元月25日，廣德樓夜戲，尚小雲、朱素雲之《張敞畫眉》初演。

2月29日，廣德樓夜戲，尚小雲、王又宸演《寄子》。

3月，奉天張作霖壽誕堂會，遍邀京中名伶赴東北。尚小雲亦被羅致，與朱素雲等演《奇雙會》、《張敞畫眉》等戲。

4月19日，靳雲鵬宅堂會，尚小雲、王又宸、陳德霖演《四郎探母》。

4月20日，廣德樓夜戲，尚小雲、時慧寶演《牧羊卷》。

5月15日，廣德樓夜戲，尚小雲、朱素雲、孫毓堃(小振庭)、侯喜瑞、諸如香之《秦良玉》初演。

6月21日，第一舞臺義務戲，壓軸尚小雲演《秦良玉》，大軸楊小樓、余叔岩、田桂鳳演《戰宛城》。

6月22日，第一舞臺義務戲，尚小雲、王又宸、于連泉、朱素雲之《御碑亭》倒第三，壓軸程艷秋之《玉獅墜》，大軸楊小樓、余叔岩、郝壽臣、錢金福之《定軍山、陽平關、五截山》。

7月10日，廣德樓夜戲，尚小雲、姜妙香之《佳期拷紅》初演。

7月17日，廣德樓夜戲，尚小雲、于連泉、李壽山、朱素雲演《能仁寺》。

10月19日，廣德樓白天，尚小雲、王又宸、李萬春、于連泉之《五龍祚》初演。

11月16日，吉祥園白天，尚小雲、李萬春、于連泉演《刺巴傑》。

1925年（民國十四年乙丑）25歲

年初，仍搭雙慶社。弟尚富霞出科後亦搭入。

2月11日，廣德樓夜戲，尚富霞演《貪歡報》，尚小雲、孫毓堃演《娘子軍》，大軸尚小雲、于連泉演《十三妹》。

2月27日，應上海亦舞臺之邀，第七次赴滬。同行有于連泉、譚富英、朱素雲、閻嵐秋等。演《汾河灣》、《奇

雙會》、《能仁寺》、《新玉堂春》、《虹霓關》、《法門寺》、《紅鬃烈馬》、《春秋配》、《慶頂珠》、《刺紅蟒》、《梅玉配》等戲。

6月，返京，仍搭雙慶社。是年，言菊朋下海，亦搭入雙慶社。

6月11日，返京頭天，廣德樓夜戲，言菊朋、尚小雲演《汾河灣》。

是年，尚小雲自組協慶社，同班有言菊朋、于連泉、王長林、閻嵐秋、朱素雲、茹富蘭、尚富霞等。

8月8日，中和園夜戲，言菊朋、王長林演《鬧府》，尚小雲、于連泉、朱素雲演《秦良玉》。

9月12日，中和園白天，尚小雲、言菊朋、侯喜瑞之《林四娘》初演。

10月9日，三慶園夜戲，尚小雲、朱素雲、蔣少奎、馬富禄、尚富霞等《貞女殲仇》(一名《謝小娥》)初演。

11月15日，三慶園白天，尚小雲、朱素雲、馬富禄、李洪福、扎金奎演《玉堂春》(帶“監會團圓”)。此爲改編後初演。

12月4日，三慶園夜戲，尚小雲、茹富蘭演《巴駱和》。

12月17日，三慶園夜戲，尚小雲、馬連良、侯喜瑞演《寶蓮燈》。

1926年(民國十五年丙寅)26歲

2月，第八次赴滬。協慶社出演於上海丹桂第一臺。同行者爲馬連良、茹富蘭、朱素雲、尚富霞等。演出《四郎探母》、《金針刺蟒》、《乾坤福壽鏡》、《珠簾寨》、《梁紅玉》、《遊園驚夢》、《林四娘》、《謝小娥》、《秦良玉》等戲。

5月，回京，演於中和戲院。

5月28日，明星戲院夜戲，返京頭天，尚小雲、朱素雲、李壽山演《奇雙會》。

7月3日，明星戲院夜戲，尚小雲、尚富霞、朱素雲、茹富蘭之《雷峰塔》(一名《白蛇傳》)首演。

9月17日，明星戲院夜戲，尚小雲、高慶奎、朱素雲演《探母回令》。

12月31日，新明戲場夜戲，尚小雲、茹富蘭、朱素雲演《雷峰塔》。

1927年(民國十六年丁卯)27歲

元月16日，新明戲院夜戲，尚小雲、茹富蘭、尚富霞、蔣少奎、方連元、李洪福等之《摩登伽女》首演。

元月25日(舊曆臘月二十二)，第一舞臺窩窩頭會，楊小樓、梅蘭芳、尚小雲及高慶奎、荀慧生、于連泉等演《四五花洞》，大軸全體反串《八蜡廟》，梅蘭芳飾黄天霸，楊小樓飾張桂蘭，余叔岩飾朱光祖，尚小雲飾賀人傑。

4月6日，中和戲院夜戲，尚小雲演《雷峰塔》。

4月28日，第一舞臺義務戲，尚小雲、王又宸演《汾河灣》，程艷秋演《紅拂傳》，余叔岩演《鬧府》，楊小樓、于連泉演《戰宛城》，梅蘭芳演《天女散花》。大軸梅蘭芳、楊小樓、陳德霖、尚和玉、尚小雲、程艷秋、于連泉、郝壽臣、侯喜瑞演《金花聚妖》。

5月，赴山東演出。

7月23日，《順天時報》刊出《五大名伶新劇奪魁投票最後之結果》，尚小雲當選《摩登伽女》，次點《林四娘》。

8月28日，離京第九次赴滬，同行爲王又宸、于連泉、朱素雲、茹富蘭、尚富霞等。

9月3日，今起演於上海榮記大舞臺。此次赴滬演出劇目有《御碑亭》、《打漁殺家》、《販馬記》、《金光陣》、《春秋配》等。

11月20日，由滬回京頭天，開明戲院夜戲，尚小雲、王又宸演《御碑亭》。

12月23日，開明戲院夜戲，尚小雲、王又宸演《林四娘》。

1928年(民國十七年戊辰)28歲

元月8日，開明戲院夜戲，尚小雲、馬最良、王又宸演《雙官誥》。

元月13日，第一舞臺義務戲，全部《紅鬃烈馬》，梅蘭芳、楊小樓、尚小雲等演《大登殿》。大軸全班反串《八蜡廟》。

2月4日，開明戲院夜戲，尚小雲、于連泉、閻嵐秋、尚富霞之《婕妤當熊》首演。

7月28日，中和戲院夜戲，尚小雲、周瑞安、尚富霞《千金全德》首演。

7月29日，中和戲院夜戲，尚小雲、王又宸等演《林四娘》。

10月18日，中和戲院夜戲，尚小雲、于連泉、尚富霞、馬富禄之《玉虎墜》首演。

10月21日，中和戲院夜場，尚小雲雙齣，前與于連泉、朱素雲、尚富霞演《能仁寺》，後與于連泉、張春彦演《白門樓》(反串吕布)。

11月10日，中和戲院夜戲，尚小雲雙齣，前與范寶亭演《戰金山》，後與朱素雲、楊寶忠演《御碑亭》。

是年，長子長春生。尚長春，學武生，後拜尚和玉爲師。

1929年(民國十八年己巳)29歲

元月19日，中和戲院夜戲，尚小雲、楊寶忠、李榮昇、尚富霞之《卓文君》首演。

2月，與楊小樓赴天津，演於明星戲院，尚小雲與楊小樓合演《長坂坡》、《回荊州》等。

6月5日，開明戲院夜戲，尚小雲、于連泉、朱素雲、張春彦、馬富禄等演《新玉堂春》，尚小雲與于連泉分飾前後部蘇三。

6月19日，中和戲院夜戲，尚小雲、張春彦、慈瑞全(泉)、計艷芬(小桂花)、尚富霞等《珍珠扇》首演。

7月25日，中和戲院夜戲，尚小雲、楊寶忠、尚富霞、朱素雲之《共叔段》首演。

9月25日，中和戲院夜戲，尚小雲演《白兔記》(《五龍祚》)。

10月10日，中和戲院夜戲，尚小雲、于連泉、朱素雲、尚富霞、張春彦、馬富禄之《峨嵋劍》首演。

10月27日，中和戲院白天，尚小雲演《珍珠扇》。

10月31日，中和戲院白天，尚小雲演《貞女殲仇》。

11月15日，今起，天津特别市對俄外交後援會慰勞東北將士義務戲，邀京角楊小樓、梅蘭芳、尚小雲、程艷

秋、陳德霖、于連泉等演出三天。

12月19日，中和戲院夜戲，應紳商要求，尚小雲演出《卓文君》。

是年，於高亭公司灌製唱片8種，計《玉堂春》、《雙官誥》、《二進宮》、《五龍祚》、《雷峰塔》、《千金全德》、《打漁殺家》、《摩登伽女》；在開明灌製《摩登伽女》、《珍珠扇》、《四郎探母》(《坐宫》、《盜令》各一）等4種；在蓓開灌製《青門盜綃》、《相思寨》、《雙官誥》、《牧羊卷》、《三娘教子》、《林四娘》等6種。

1930年（民國十九年庚午）30歲

元月6日，尚小雲壽辰。爲維持同業計，尚小雲並不休息，亦不做壽，所有内外行到賀者，一律辭謝，當晚仍出演中和戲院，劇目爲英美外僑要求之《峨嵋劍》。尚小雲素日維持同業甚爲熱心，伶界受益者良多。是日，同業爲他置“維持同人”匾，送往尚宅懸掛。

元月8日，早車赴天津。當晚在天津春和大戲院，平津名票爲慈慧、玉華女子學校籌款義務戲，大軸演《奇雙會》，紅豆館主（溥侗）飾趙寵，袁寒雲飾李保童，尚小雲飾李桂枝。

元月11日，第一舞臺夜戲，尚小雲、王又宸等演《林四娘》。

元月14日，中和戲院夜戲，尚小雲、楊寶忠、朱素雲、李壽山之《詹淑娟》首演。

元月22日，晚車赴天津，於中原公司演四天，劇目爲《詹淑娟》、《秦良玉》、全本《三娘教子》。

元月27日，北平梨園公會窩窩頭會，第一舞臺義務夜戲。楊小樓、侯喜瑞、于連泉演《戰宛城》，程艷秋、王鳳卿演《武家坡》等。尚小雲是日早車由天津趕回，與王又宸演《法門寺》。

3月7日，中和戲院夜戲，尚小雲、于連泉、尚富霞、朱素雲演前部《白蛇傳雷峰塔》。

3月8日，中和戲院夜戲，尚小雲、于連泉、尚富霞、李壽山、范寶亭之後部《白蛇傳雷峰塔》改編首演。

3月，尚小雲新排《奇英配》、《燕子箋》等戲，又請清逸居士爲編《譙國夫人》。

3月29日，北平市參加全國運動會，於本日在第一舞臺演義務戲一晚，在京名角大都加入，重要節目如韓世昌演《刺虎》，朱琴心、楊寶忠演《坐樓殺惜》，程艷秋、王又宸演《探母回令》，尚小雲、馬連良演《玉鐲記》(帶“大審”)，楊小樓、新艷秋、郝壽臣等演《長坂坡》。

4月10日，中和戲院夜場，尚小雲演《峨嵋劍》。因此劇水法變化別具精彩，美國游歷團特定包厢10個。

4月17日，應天津之約，短期演於中原公司。是日早車會同于連泉、楊寶忠同行。

4月21日，黑龍江軍務督辦兼省長萬福麟母壽，於家鄉洮南縣舉辦堂會，尚小雲應張學良之邀與會，演《彩樓配》、《玉堂春》、《摩登伽女》等戲。

5月10日，赴天津，入春和大戲院。

5月28日，尚小雲妻李氏於早晨6時左右故世，年32歲。

6月6日，下午赴天津袁宅堂會。

6月19日，中和戲院，尚小雲演全本《白蛇傳》。

8月11日，晚，天津英租界求志里新華學校因經費支絀，特煩尚小雲等在吉祥戲院演義務戲。劇目有高盛麟之《探莊》、孫盛武之《打刀》、李盛藻之《鎮潭州》、葉盛章之《九龍杯》、胡盛岩之《二進宮》、駱連翔之《戰滁州》、譚富英之《洪羊洞》、尚小雲之《春秋配》。

8月23日，吉祥戲院夜戲，尚小雲雙齣，前與尚富霞、李盛斌演《昭君出塞》，後與譚富英演《探母回令》。

9月17日，開明戲院夜戲，尚小雲演《珍珠扇》。

10月，協慶社演於天津春和戲院。

10月24日，春和戲院協慶社賑濟遼寧水災義演，尚小雲、譚富英演《南天門》，胡碧蘭之《女起解》後，尚小雲與閻嵐秋（反串楊宗保）合演《降龍木》。

11月10日，華樂戲院，尚小雲演全本《峨嵋劍》。

11月14日，吉祥戲院夜戲，尚小雲、尚富霞、侯喜瑞、閻嵐秋等全部《桃花陣》、全部《劉金定》首演。

11月，近日新排新戲兩齣：《相思寨》(一名《雲鞞娘》)、《翠眉峰》，不日上演。

11月17日，今起，北平公安局各區署及北平籌募遼省水災急賑會、北平梨園公會、陝災急賑會、世界紅卍字會、救濟貧民會等，在第一舞臺演唱遼、陝、平籌賑義務夜戲三天。是晚，尚小雲與侯喜瑞、于連泉等演《秦良玉》。

11月18日，義務戲第二天，尚小雲與侯喜瑞、于連泉、譚富英等演《法門寺》。

11月19日，義務戲第三天，原定于連泉等演《樊江關》，改演《十三妹》。大軸全體反串《八蜡廟》。梅蘭芳飾黄天霸，王鳳卿飾關太，李壽山飾小姐，朱桂芳飾費德功，楊小樓飾張桂蘭，譚富英飾費興，諸如香飾施仕倫，陶玉芝飾米龍，尚小雲飾賀人傑，王琴儂飾老道，慈瑞全飾院子，蔣少奎飾丫鬟，高慶奎飾朱光祖，侯喜瑞飾老媽，閻嵐秋飾褚彪，金仲仁飾金大力。

此三晚義務戲，共得款13000圓。以五成歸遼災、陝災，四成歸平民收容所及紅卍字會，一成歸梨園公會。

11月21日，尚小雲母壽辰，往賀者甚多。

是年，於勝利公司灌製唱片，計《女起解》、《卓文君》、《戰蒲關》、《貴妃醉酒》、《遊園驚夢》、《秦良玉》、《珍珠扇》等7種。

是年，收張蝶芬爲弟子。

1931年（民國二十年年辛未）31歲

元旦，在北平宣武門外椿樹下二條1號本宅與王蕙芳之妹王蕊芳行結婚禮，其禮節爲新舊和摻。到賀者甚多。

元月7日，今起，北平公安局政治訓練部民衆學校義務戲兩天，演於開明戲院。尚小雲與于連泉演《得意緣》。

元月13日，前國務總理潘復之子在天津完婚，舉辦堂會，尚小雲等受邀與于連泉、程繼先、李壽山、紅豆館主、王琴儂等是日早車赴天津。

元月14日，潘宅堂會。尚小雲與孟小冬、王琴儂、李吟香、李多奎演《探母回令》，另紅豆館主、尚小雲、程繼先、李壽山演《風箏誤》。

元月18日，中才小學校與第二小學聯合舉辦義務戲一晚，演於開明戲院，劇目有尚小雲、王又宸、于連泉、侯

喜瑞之《法門寺》，程艷秋、曹二庚之《女起解》等。

2月3日，華樂戲院夜戲，尚小雲、閻嵐秋、尚富霞之《相思寨》首演。

2月6日，吉祥戲院夜戲，尚小雲、尚富霞、閻嵐秋及斌慶社學生演《相思寨》。

2月9日，天津天安戲院易主，改稱北洋戲院，於舊曆新正開幕。首期由尚小雲等租賃，爲期一月。是日，尚小雲與王又宸等離平赴津。

2月11日，天津北洋戲院夜戲，王又宸演《空城計》，尚小雲演《玉堂春》。

3月1日，北平城南遊藝場印妥梅蘭芳、尚小雲、程艷秋三人合照劇照一種，今起至5日，凡購入門券一張者，隨贈照片一張，以作紀念。

3月3日，今起，孟洛泉八旬壽誕堂會四天，京角如楊小樓、梅蘭芳、尚小雲、程艷秋、荀慧生、王又宸、譚富英等與會，尚小雲演《春秋配》、《玉堂春》等戲。

4月17日，華樂戲院夜戲，尚小雲、于連泉演一至四本《梅玉配》。

4月25日，吉祥戲院夜戲，尚小雲雙齣，前與李壽山、奎富光演《昭君出塞》，後與于連泉、侯喜瑞演《秦良玉》。

5月，改協慶社爲重慶社，同班有王鳳卿、范寶亭、閻嵐秋、尚富霞等，演於哈爾飛、吉祥等戲院。

5月25日，哈爾飛戲院夜戲，尚小雲、尚富霞演《相思寨》。

6月10日，今起，上海杜祠堂會三天。此次堂會，南北名伶除余叔岩外全體與會，極一時之盛。尚小雲演《桑園會》、《汾河灣》、《三擊掌》等戲，與梅蘭芳、程艷秋、荀慧生合演《四五花洞》。

7月11日，吉祥戲院夜戲，尚小雲、周瑞安、尚富霞、范寶亭、慈瑞全等演一至四本《春秋配》。

7月12日，吉祥戲院夜戲，尚小雲、王又宸、尚富霞、范寶亭等演全部《樊梨花》。

7月19日，哈爾飛戲院夜戲，尚小雲、王又宸、周瑞安之《新青石洞》初演。又尚小雲、王又宸演《法門寺》。

9月13日，今起，第一舞臺北平梨園公益總會十六省水災急賑義務戲三天，尚小雲與楊小樓、梅蘭芳、余叔岩、言菊朋、王鳳卿、馬連良等名角參與。

9月26日，尚小雲、王又宸等《花蕊夫人》初演。

是年，收黄咏霓（雪艷琴）爲弟子。

是年，於長城公司灌製唱片，計《花蕊夫人》、《摩登伽女》、《相思寨》、《女起解》、《牧羊卷》、二本《虹霓關》、《貴妃醉酒》、《三娘教子》等8種。於高亭公司灌製《戰蒲關》、《二進宫》、《桑園會》、《南天門》、《武家坡》等5種。

1932年（民國二十一年壬申）32歲

元旦，瀛寰大戲院夜戲，尚小雲、李壽山、姜妙香、郭春山、諸如香、尚富霞演《詹淑娟》(《風箏誤》)。

元月26日，開明戲院夜戲，尚小雲、尚富霞、慈瑞全、范寶亭、扎金奎、計艷芬之《白羅衫》首演。

2月2日，第一舞臺，梨園同業義務戲，尚小雲、高慶奎演《刺巴傑》，後有余叔岩、鮑吉祥演《盜宗卷》，楊小樓、梅蘭芳演《霸王別姬》。

3月，赴天津演於北洋戲院。

3月6日，北洋戲院，慰勞上海十九路軍前方抗日將士義務戲，尚小雲演《白羅衫》。

4月10日，哈爾飛戲院夜戲，尚小雲、趙桐珊、尚富霞、李寶奎、范寶亭、慈瑞全之全部《雷峰塔》(“水漫金山”起，“仕林祭塔”止)首演。

5月18日，吉祥戲院夜戲，尚小雲、譚富英、周瑞安、趙桐珊、慈瑞全、尚富霞、賈多才、李寶奎演一至四本《乾坤福壽鏡》。

6月8日，吉祥戲院夜戲，尚小雲之全部《前度劉郎》首演。

6月26日，哈爾飛戲院白天，尚小雲演一至八本《梅玉配》。

11月25日，天津明星戲院卞白眉母壽堂會，梅蘭芳演《宇宙鋒》，尚小雲演《秦良玉》。

是年，次子長麟生。尚長麟，後入榮春社，初學武生，後改旦角，爲尚派最佳繼承者，並師從梅蘭芳、荀慧生、程硯秋、于連泉等。

1933年（民國二十二年癸酉）33歲

元月21日，吉祥戲院白天，尚小雲、尚富霞、范寶亭、計艷芬、慈瑞全演《秦良玉》。

5月3日，《申報》載：長城唱片公司準於今日起開始發行梅蘭芳、尚小雲、荀慧生、程硯秋四大名旦合演《四五花洞》唱片。附有唱詞。【西皮正板】第二句“自幼兒配武大他的身量矮小”，爲尚小雲所唱。

6月7日，天津春和戲院，尚小雲演《摩登伽女》。

8月9日，開明戲院夜戲，尚小雲、趙桐珊、尚富霞、張春彦、范寶亭、慈瑞全、計艷芬演一至八本《兒女英雄傳》(《紅柳村》、《悦來店》、《能仁寺》、《牤牛山》、《青雲山》、《弓硯緣》)。

8月13日，北平《群强報》刊出《重慶社提倡真正平民化票價啓示》：“敝社諸藝員爲盡量貢獻個人平生所擅長者起見，相率振刷精神，不顧個人身份虚榮，純爲觀衆與社會着想，提倡真正平民主義之票價，前排只售七角，後廳只售三角。”

10月25日，哈爾飛戲院夜戲，尚小雲、馬富禄、尚富霞、慈瑞全、范寶亭之《白玉蓮》首演。`

11月8日，開明戲院夜戲，尚小雲、譚富英、范寶亭等演全部《秋胡戲妻》。

11月18日，今起，天津春和大戲院河北黄河賑災救濟會義務戲四天，尚小雲演《玉堂春》，並與孟小冬演《探母回令》，與名票朱作舟演《青石洞》。

11月24日，哈爾飛戲院夜戲，尚小雲、王鳳卿等演《秋胡戲妻》。

12月30日，應上海三星舞臺之邀赴滬演出。當晚與譚富英合演《秋胡戲妻》。

是年，收趙嘯瀾、吴素秋、張文琴爲弟子。

是年，於百代公司灌製唱片，計《峨嵋劍》、《御碑亭》、《忠孝牌》、《金榜樂》等6種。其中《雷峰塔》、《擂鼓》以麗歌公司名義出版。

1934 年（民國二十三年甲戌）34 歲

元月，仍出演上海炳記三星舞臺。此次滬上演出劇目有：《珍珠扇》、《梅玉配》、《峨嵋劍》、《新玉堂春》、《花蕊夫人》、《前度劉郎》、《雷峰塔》、《相思寨》等。

元月 19 日，三星舞臺夜戲，尚小雲、趙桐珊、尚富霞《大樹將軍》首演。

2 月 10 日，北平第一舞臺，北平梨園公益總會同業籌款義務夜戲，尚小雲、王又宸、譚富英、貫大元、姜妙香、程繼先、吴彩霞、李多奎、慈瑞全演《探母回令》，後有楊小樓、程硯秋、王少樓、郝壽臣、蕭長華、張春彦、文亮臣、諸如香、馬連昆、賈多才演《法門寺》；大軸反串《八蜡廟》，尚小雲之黄天霸，楊小樓之張桂蘭，高慶奎之朱光祖，朱桂芳之費德功，趙桐珊之褚彪，侯喜瑞之小姐，于連泉之賀人傑，郝壽臣之張媽，慈瑞全之施仕倫，姜妙香之王棟，尚富霞之金大力。

2 月 28 日，開明戲院夜戲，尚小雲（前飾銀屏公主，後飾西遼皇后）、王鳳卿（飾唐王）、張雲溪（飾秦英）之全部《金水橋、乾坤帶》（“金水橋釣魚”起，“秦英征遼立功”止，首次公演）。

4 月 26 日，哈爾飛戲院夜戲，尚小雲雙齣，前與王鳳卿、張雲溪演《寶蓮燈、劈山救母》，後與趙桐珊、張雲溪、范寶亭、李寶奎演《琵琶緣》（首次貼演）。

5 月 4 日，華樂戲院夜戲，尚小雲雙齣，前演《貴妃醉酒》，後與范寶亭、李寶奎、郭春山、方連元、楊春龍演《湘江會》（首次貼演）。

5 月 22 日，第一舞臺爲立達中學義務夜戲，尚小雲、譚富英演《打漁殺家》，後有楊小樓、高慶奎、王鳳卿、郝壽臣、王幼卿演《長坂坡、漢津口》。

6 月 15 日，今起演於天津北洋戲院，劇目有《白玉蓮》、《琵琶緣》、《峨嵋劍》、《摩登伽女》等。本日新戲《空谷香》初演。

6 月 18 日早車返北平。

6 月 21 日，哈爾飛戲院夜戲，尚小雲、尚富霞、范寶亭、張春彦、劉斌昆演《空谷香》（北京首次貼演）。

7 月 17 日，哈爾飛戲院夜戲，尚小雲親授富連成社科班的一至四本《秦良玉》上演，由葉盛蘭飾秦良玉，李世芳飾張鳳儀，袁世海飾賽曹操。

8 月 3 日起演於上海黄金大戲院，同往者有劉硯芳、劉宗楊等。

8 月 19 日夜戲，大軸《大八蜡廟》，尚小雲飾黄天霸，劉硯芳飾朱光祖，趙桐珊飾褚彪，劉宗楊飾張桂蘭，尚富霞飾金大力。

8 月 26 日結束在黄金大戲院的演出。

9 月，率重慶社赴山東、武漢、長沙等地演出。

10 月 25 日，哈爾飛戲院夜戲，尚小雲、尚富霞、張春彦、慈瑞全、趙綺霞演《玉堂春》。

11 月 11 日，尚小雲親授富連成社科班的《崑崙劍俠傳》（《紅綃》）於華樂戲院上演，演員爲李世芳、沙世鑫、葉世長、袁世海、毛世來、閻世善等。

12 月 22 日，華樂戲院夜戲，尚小雲親授富連成社科班的全部《娟娟》上演，參演的有李世芳、毛世來、葉盛章、袁世海、葉世長、沙世鑫、閻世善、蕭盛萱、劉世勛、孫盛武、詹世輔、譚世英等。

是年，收李世芳、洪蔓影（改名洪效霞）、梁秀娟爲弟子。

在百代公司灌制唱片 2 種：《相思寨》、《三娘教子》。

1935 年（民國二十四年乙亥）35 歲

元月 24 日，華樂戲院夜戲，尚小雲、王鳳卿、張雲溪、袁世海、尚富霞、慈瑞全、高富遠、范寶亭、張春彦、賈多才、扎金奎、富連成社衆學生首演新排《漢明妃》。

2 月 1 日，華樂戲院白天，尚小雲、王鳳卿、尚富霞演《滿床笏》。晚，第一舞臺，爲災區冬賑募捐義務夜戲，尚小雲、尚富霞、范寶亭演《秦良玉》，後有馬連良、于連泉、馬富禄之《烏龍院》，程硯秋、譚富英、姜妙香之《御碑亭》，楊小樓、荀慧生、侯喜瑞、錢寶森、王福山之《戰宛城》。

2 月 16 日，華樂戲院，尚小雲雙齣，前演《相思寨》，後演《御碑亭》。

3 月 23 日，華樂戲院白天，尚小雲雙齣，前與王鳳卿、裘盛戎演《二進宫》，後與尚富霞演《花蕊夫人》。華樂戲院夜戲，尚小雲爲富連成社科班排練的全部《金瓶女》（《佛門點元》）由李世芳、毛世來、沙世鑫、葉世長、閻世善等首演。

3 月，《尚小雲專集》出版。徐漢生編，京津書局排印本。李適戡題字，收録林老拙、張聊止、劉豁公等劇評家評論文章及贈詩。另附尚小雲所排演的 16 齣新劇的劇情介紹、唱詞。

4 月 14 日，華樂戲院白天，尚小雲、王鳳卿、尚富霞、慈瑞全、趙桐珊演一至八本《梅玉配》。

5 月 23 日，華樂戲院夜戲，尚小雲、張春彦、范寶亭、高富遠、李志良、遲金聲之《鞭打蘆花》首演。

5 月 30 日，山東濟南進德會，尚小雲演全部《雷峰塔》。

8 月 28 日，北平第一舞臺，賑濟各省水災義務夜戲，尚小雲雙齣，前與侯喜瑞、趙桐珊、尚富霞、范寶亭演《秦良玉》，後與楊小樓、王鳳卿、王又宸、郝壽臣演《長坂坡、漢津口》。

9 月 1 日，華樂戲院白天，尚小雲首演《龍女牧羊》。

10 月 3 日，華樂戲院夜戲，尚小雲首演《梁夫人》。

10 月 5 日，第一舞臺，賑濟山東水災義務夜戲，尚小雲、孟小冬演《探母回令》，後有楊小樓之《鐵籠山》。

10 月 26、27 日，華樂戲院夜戲，兩晚連演由尚小雲爲富連成社科班排練的《酒丐》，主演有葉盛章、李世芳、毛世來、駱連翔等。

10 月 29 日，今起，天津救災賑災義務戲兩天，演於天津明星戲院。是晚夜戲，尚小雲、孟小冬演《探母回令》。次日，尚小雲演《白羅衫》。

11 月 9 日，第一舞臺，賑濟河南水災義務夜戲，尚小雲、尚富霞演《穆柯寨》，後有馬連良、侯喜瑞之《打嚴嵩》，楊小樓、黄咏霓、王鳳卿之《霸王别姬》。

11 月 20 日，收張德蕙爲弟子，改名張美雲。

12 月 19 日，華樂戲院白天，尚小雲首演新劇《比目魚》，此劇由李漁同名傳奇改編。

12 月 24 日，由還珠樓主編寫的《千里駒》首演於吉祥戲院。

是年，在高亭公司灌製《四郎探母》(《坐宫》、《回令》)唱片，在蓓開公司灌製《打漁殺家》、《秋胡戲妻》等兩種唱片。

1936年(民國二十五年丙子)36歲

年初，爲長子長春學戲練功，發出招收10名學生的廣告。報名者踴躍。

元月24日，華樂戲院白天，尚小雲、尚富霞、慈瑞全、袁世海、高富遠之《元夜觀燈》首演。

2月，聲明擬成立榮春社科班，廣告保證學生有人身自由，不立賣身契，革除目不識丁，學習文化；保證學生學有所獲，出科有職業保證。

3月15日，榮春社開班。地址在宣武門外椿樹下二條1號尚宅後院。先後聘請尚和玉、程繼先、于連泉、王鳳卿、孫怡雲、閻嵐秋等名角爲教師。

5月，赴河南、湖南等地演出。

6月15日，華樂戲院夜戲，尚小雲由湘返平，大軸與葉盛章(飾馬童)、尚富霞演《漢明妃》。

7月28日，北平梨園公會經市政府批准，於前門外櫻桃斜街34號公益總會召集成立大會，選出首屆董事15人、候補董事15人以及監事等。董事15人，計有：楊小樓(81票)、尚小雲(81票)、于連泉(81票)、荀慧生(79票)、程硯秋(77票)、梅蘭芳(76票)、余叔岩(75票)、譚富英(73票)、趙硯奎(72票)、馬連良(71票)、高慶奎(70票)、王又宸(22票)。董事長爲楊小樓，副董事長爲尚小雲、于連泉。

8月10日，華樂戲院夜戲，尚小雲首次公演《綠衣女俠》。

9月6日，第一舞臺，北平梨園公會義務夜戲，尚小雲、荀慧生演《樊江關》，大軸爲梅蘭芳、楊小樓、馬連良、王鳳卿之《甘露寺、美人計、回荆州》。

9月7日，第一舞臺義務夜戲，尚小雲、馬連良、馬富禄、侯喜瑞演《打漁殺家》，大軸爲梅蘭芳、楊小樓之《霸王别姬》。

10月14日，第一舞臺爲俞振庭演搭桌戲。夜場，尚小雲、于連泉、慈瑞全、金仲仁、高富遠演《梅玉配》，大軸爲梅蘭芳、楊小樓之《霸王别姬》。

10月22日，華樂戲院夜戲，尚小雲首次公演《青城十九俠》。尚小雲飾吕靈姑，范寶亭飾吕偉，袁世海飾毛霸，張雲溪飾雷迅，閻世善飾神女。

12月24日，吉祥戲院夜戲，尚小雲等演《千里駒》。

12月26日，今起，天津慈善事業聯合會再次冬賑義務戲兩天，演於中國大戲院。是晚夜戲，尚小雲、譚富英演《探母回令》。

12月27日，天津慈聯會冬賑義務戲第二天，尚小雲演《戰金山》。

是年冬，尚小雲首次赴漢口，演出於蘭陵路光明電影院。此行陣容爲黄楚寶、尚富霞、袁世海、張雲溪等。

1937年(民國二十六年丁丑)37歲

年初，改組太平社小科班，更名爲長慶社科班。

元月11日，吉祥戲院夜戲，尚小雲雙齣，前與郝壽臣演《法門寺》，後與楊小樓、郭春山、扎金奎演《湘江會》。

元月14日，長慶社科班首次出臺，吉祥戲院夜場，尚長春演《武文華》，張君秋、姜鐵麟演一至四本《混元盒》。

元月28日，第一舞臺夜戲，尚小雲首次公演《北國佳人》。

2月7日，第一舞臺夜戲，梨園公會爲極貧苦同業演出義務戲。尚小雲、譚富英演《打漁殺家》，後有楊小樓、程硯秋、馬連良、王鳳卿、李盛藻、郝壽臣、程繼先、李多奎之《甘露寺、回荆州》，大軸爲反串《八蜡廟》，尚小雲飾黄天霸，楊小樓飾張桂蘭，馬連良飾金大力，譚富英飾朱光祖，趙桐珊飾褚彪，郝壽臣飾張媽，于連泉飾賀人傑，姜妙香飾關太。

2月11日，第一舞臺白天，尚小雲雙齣，前與王鳳卿、張德俊、張雲溪演《青石山》，後與王鳳卿、趙桐珊、尚富霞演《打金枝》。

3月20日，第一舞臺夜戲，尚小雲主演《千里駒》。

4月17日，第一舞臺夜戲，尚小雲之《封神三霄》(《九曲黄河陣》)首次公演。

初夏，籌備建立榮春社。

6月，率重慶社全體赴滬演於黄金大戲院，演期一月。角色有老生周嘯天、武生張雲溪等。

6月11日，黄金大戲院登臺第一天，夜戲，尚小雲、周嘯天演全部《探母回令》。前有張雲溪、袁世海、閻世善之《四傑村》。此後，尚小雲依次演出了《琵琶仙子》、《乾坤福壽鏡》、《雷峰塔》、《青城十九俠》、《峨嵋劍》、《漢明妃》、全部《新玉堂春》、《梅玉配》、《珍珠扇》、《綠衣女俠》、《梁夫人》、《詹淑娟》、《十三妹》、《白羅衫》、《比目魚》各劇。

7月11日，黄金大戲院夜場，尚小雲演《北國佳人》。此爲在滬最後一場，演畢，舉行盛大歡送典禮。

7月18日，尚小雲北返後，因社會混亂，爲維持同業，乃承包第一舞臺，重修後於是日率重慶社進入，演唱夜戲。

9月9日，第一舞臺白天，尚小雲雙齣，前與王鳳卿演《御碑亭》，後演《珍珠扇》。

9月19日，第一舞臺白天，尚小雲演全部《混元盒》，配演有王鳳卿、楊盛春、尚富霞、何雅秋、慈瑞全、范寶亭、閻世善、尚長春等。

10月2日，新新戲院義務夜戲，尚小雲、孟小冬、郝壽臣、于連泉、慈瑞全演《法門寺》，後有楊小樓、陸素娟、王鳳卿、姜妙香之《霸王别姬》。

10月23日，新新戲院義務夜戲，尚小雲、荀慧生演《得意緣》，後有楊小樓、于連泉、郝壽臣之《戰宛城》。

11月14日，第一舞臺白天，尚小雲首次公演《九陽鐘》，前飾陳麗卿，後飾三娘，配演有王鳳卿、楊盛春、閻世善、尚長春等。

11月17日，第一舞臺失火，前後臺及三層樓全遭焚毁，尚小雲的佈景、彩頭兩項燒去約1萬元。

1938年(民國二十七年戊寅)38歲

元月8日，今起，天津縣區賑災義務戲兩天，演於天津中國大戲院。尚小雲、于連泉演一至八本《梅玉配》。

元月16日，中和戲院白天，尚小雲首次公演新劇《虎乳飛仙傳》，配演有尚富霞、李寶奎、范寶亭、高富遠、孫

盛武、賈多才、閻世善、尚長春等。

元月28日，榮春社科班學生經過一年多培訓，在中和戲院初次彩排，不售票。劇目有《天官賜福》、《鼎盛春秋》、《花蝴蝶》、《鐵弓緣》、《珠簾寨》、《水簾洞》。

3月16日，榮春社在中和戲院正式亮臺，戲碼爲《跳靈官》、《跳加官》、《跳財神》、《天官賜福》、《御果園》、《文章會》、《鴛鴦橋》、《珠簾寨》、《水簾洞》，主演爲尚長春、王福春、賈壽春、徐榮奎、崔榮英、孫瑞春、時榮章、尚榮芳、羅榮貴、耿雨春等。同時印有《榮春社科班紀念刊》。此時，社中學生已有200餘人，能上演的戲達200餘齣。

8月，榮春社在中和、長安等戲院輪流演出，此時所演爲《東漢》。此劇根據評書本子，由尚小雲親自編導，對於忠孝節義多所發揮。

9月16日，中和戲院夜戲，尚小雲首次公演《蘭陵女兒》，配演有尚富霞、孫盛武、范寶亭、賈多才、高富遠、計艷芬等。

11月25日，中和戲院夜戲，尚小雲首次公演《飛霞女》。

12月1日，榮春社科班應天津中國大戲院之聘，全體學生及執事、教師、場面等共300餘人由京赴津，尚小雲亦同往，演期10日。

是年收李涵秋、宋玉茹爲弟子。

1939年（民國二十八年己卯）39歲

元月27日（舊曆戊寅年十二月初八），尚小雲賀40整壽，收李慧君爲弟子。梨園名角，善畫者王瑤卿、梅蘭芳、荀慧生、姜妙香、黃桂秋等，能書者王鳳卿、余叔岩、程硯秋、言菊朋、時慧寶等合作12屏條祝嘏，一時稱爲藝壇佳話。

4月4日，榮春社成立周年紀念，於中和戲院招待演出。戲畢於同興堂飯莊酬賓晚餐。

6月21日，長安戲院夜戲，尚小雲演《混元盒》，配演者楊盛春、尚長春、尚富霞、范寶亭。

12月1日，榮春社新排之《黃衫客》首演，上座甚佳，由尚長春、孫榮蕙主演。

12月30日，尚小雲於寓所邀請蔡榮桂、郭春山及榮春社衆教師，商談在新的一年裏將以排演失傳老戲爲主要目標，以期保留先輩遺澤。

1940年（民國二十九年庚辰）40歲

元月6日，尚小雲於本日出刊之《立言畫報》發表《我對辦榮春社之感想》一文。介紹辦社的前前後後及全社師生的傳承狀況，寄望諸生能在菊苑占一席之地，傳先輩遺型於萬一。

4月6日，孫榮蕙首演尚小雲所授之《霸王別姬》。

4月26日，新新戲院合作戲，大軸爲尚小雲、于連泉、金仲仁之《得意緣》。

7月15日，三子長榮生。尚長榮，1950年開始學藝，師從陳富瑞、侯喜瑞學花臉。

8月17日，尚小雲在北京收黃玉華爲弟子。

8月，尚小雲爲切實造就榮春社學生起見，特聘戲界名宿王鳳卿、尚和玉、程繼先、郝壽臣、蔡榮桂五老入社教授各生老戲。後又邀于連泉入社教戲。

11月19日，重慶社重排多年不演之《梅玉配》。尚小雲飾蘇玉蓮，于連泉飾少夫人，蕭長華飾楊先生，慈瑞全飾黃婆，王鳳卿飾蘇旭，尚富霞飾徐廷梅。是日，中華戲校停辦，白天廣和樓臨別紀念演出《得意緣》；戲校學生李玉茹演畢，當晚往觀《梅玉配》。

1941年（民國三十年辛巳）41歲

3月6日，召開榮春社成立三週年紀念大會。招收第二期學生200餘人。二期學生藝名中間排“長”字或“喜”字。

4月6日，新新戲院合作夜戲，尚小雲、程繼先演《得意緣》，前有于連泉、李萬春之《翠屏山》及孫毓堃之《鐵籠山》。

是年，中華戲校解散後，部分學生改入榮春社。榮春社學生增至400餘，入不敷出。尚小雲爲籌集經費，將宣外茶食胡同及法通寺草廠大院兩處房舍賣掉。至此，尚小雲已賣出半生積蓄所得7處房産。

1942年（民國三十一年壬午）42歲

在京演出，並教學。

元月5日，榮春社科班新排之《梅玉配》今明兩晚在中和戲院首演，每場四本，兩夜演全。此劇爲尚小雲、王鳳卿、于連泉、程繼先、蕭長華、蔡榮桂、郭春山等12位分別導演教授，並莅園把場。

元月21日，長安戲院合作夜戲，尚小雲、姜妙香、任志秋、高富遠演頭二本《虹霓關》。後有荀慧生、于連泉、金少山、馬富禄、尚富霞、徐和才之《雙沙河》。

4月，尚小雲爲榮春社導演的《粉宮樓》在中和戲院首演。

5月31日，中和戲院夜戲，尚小雲主演的新劇《黎素娘》首演。配演者尚富霞、孫盛文、王鳳卿、徐榮奎、蕭盛萱、楊盛春、任志秋、李榮威等。

6月26日，中和戲院夜戲，尚小雲爲榮春社科班導演的《塞北英烈傳》首演。尚長春飾伊拉布親王，楊榮環飾福爾達爾公主。

8月，華北廣播協會主辦票友清唱比賽大會。15、16日，生、旦兩組進行决選，尚小雲與王瑤卿、徐蘭沅、趙硯奎等任青衣組評判人，並參加發獎式。

10月12日，已停止活動的梨園公會重新召開大會，出席代表142人。尚小雲得票最多，以138票當選爲正會長；趙硯奎次之，當選爲副會長。理事9人，馬連良、程硯秋、譚富英、荀慧生、于連泉、李萬春均在當選之列。

12月9日，長安戲院夜戲，爲北平各界聯合義賑的籌款義務戲，尚小雲與楊盛春、計艷芬、蕭盛萱、賈多才合演《琵琶緣》，後有馬連良、于連泉、馬富禄之《坐樓殺惜》。

12月24日，中和戲院夜戲，尚小雲爲榮春社親自編導的《一粒金丹》首次公演。主演爲李甫春、楊榮環、張榮善、馬榮祥、趙榮鑫、方榮慈等。

1943年（民國三十二年癸未）43歲

4月1日，三慶戲院夜戲，尚小雲主演全部《三劍客》首演。配演者有王鳳卿、楊盛春、高富遠、蕭盛萱、孫盛文、韋三奎、李榮安等。劇中三劍客（黃衫劍客、遼東劍

客、紫髯劍客）由尚長春、趙和春、賈壽春分飾。

4月22日，中和戲院夜戲，尚小雲新排之《一粒金丹》首演。此劇系按尚氏所藏南府孤本排成，配演爲王鳳卿、沈富貴、高富遠、蕭盛萱、孫盛文、張盛利、韋三奎等。

4月，榮春社一期學生赴天津演出，劇目有《血濺萬花樓》、《蠻荒少女》等。

1944年（民國三十三年甲申）44歲

是年多演於長安、華北及三慶戲院。是年起榮春社移往三慶戲院。

1945年（民國三十四年乙酉）45歲

9月3日，北平梨園公會改組，尚小雲辭去北平梨園公會會長職務，原梨園公會改稱國劇總會。本日北平國劇總會成立，演戲三天爲賀。當天爲全部《紅鬃烈馬》，自《金殿賜球》起，至《大登殿》止。尚小雲與譚小培、于連泉、雷喜福、李多奎、蕭盛萱合演《大登殿》。

是年收周素英、董玉苓爲弟子。

1946年（民國三十五年丙戌）46歲

4月3日，新新戲院義務夜戲，尚小雲與王泊生合演《奇雙會》。

10月7日，北平國劇公會（初稱國劇總會）選舉常務理事及理事長。票選結果：楊寶森（10票）、尚小雲（8票）、荀慧生（5票）、于永利（6票）、方志清（7票）爲常務理事，李洪春(2票)爲常務監事。繼之推選理事長，尚小雲以4票再次當選。

是年收陳永玲爲弟子。

1947年（民國三十六年丁亥）47歲

5月19日，本日出刊之《戲世界》雜志報道："尚小雲家藏珍貴古人書畫，全部空運上海標價出售。"並列出書畫作者名單。

6月22日，今起，天津報業公會、新聞記者公會修建會址籌款合作義務戲兩天，邀尚小雲、于連泉等於天津中國大戲院演一至八本《梅玉配》。

是年，有感於梨園江河日下，部分藝人道德淪喪，於國劇公會大會上發言以後，取出事先准備之黄紙，紙上大書"尚小雲謝絶梨園"，隨後離開國劇公會。繼之，辭去國劇公會理事長職務。

1948年（民國三十七年戊子）48歲

是年，榮春社出演於華北戲院。

3月，徐慕雲主辦戲劇文物展覽會，展品中有"泥人張"弟子所塑梅蘭芳、程硯秋、尚小雲之《斷橋》造像，形容畢肖，觀者莫不歎賞。

5月2日，北平物價飛漲，市面蕭條。榮春社以資金匱乏，難以爲繼，遂宣佈解散。

6月19日，本日出刊的《戲世界》載文《榮春社輟演前前後後："小米百錢"一個月"虧"兩億》，稱"輟演原因不外糧價飛漲，造成經費虧損。尚氏表示要加强陣容，調整人事，在一周内恢復公演"。

6月29日，本日出刊的《戲世界》載文《再開鑼，上座佳》，稱"榮春社這次復興，24日晚在華北，由尚長春、長麟等首演《摩登伽女》、《請清兵》，上座908人。尚氏親自把場。25日的先期票，在24日即將售完，26日晚大軸演《飛劍斬白龍》，壓軸《崔猛》"。

7月9日，本日出刊之《戲世界》報道："奚嘯伯、毛世來、富連成、榮春社、鳴春社，都因營業不振（有時只上百餘人），只好報散。"

是年收王紫苓爲弟子。

1949年（己丑）49歲

元月31日，北平和平解放。

4月，北平市軍管會文化接管委員會對戲曲從業人員進行重新登記。北平現有戲曲演員1200餘人、戲曲班社26個。

是年，與子長春等參加北平首期藝人講習班，學習時事政策。

10月1日，中華人民共和國成立。

11月，尚小雲組建與以往班社性質完全不同的劇團——尚小雲京劇團。主要演員有李鳴盛、白家麟、李春恒、方英培、賈松齡、崔熹雲、張韵斌、鈕榮亮、張榮玉、侯長清、馬連貴、劉喜泉、尚長春、尚長麟等。劇團採取新的分配方式。

尚小雲京劇團成立之初即排演了新編劇《墨黛》、《夜歸》、《太原雙雄》、《洪宣嬌》等，並對舞臺上一些不合時宜之處進行了改革。如取消檢場、飲場，使用新式大幕；樂隊退入舞臺一側，用紗幕遮擋；取消專門傍角人員等等。

1950年（庚寅）50歲

1月，與子長春、長麟一起參加中央文化部舉辦之第二期戲曲藝人講習班，學習毛澤東《在延安文藝座談會上的講話》和中國共産黨的文藝政策。

5月，北京市文化主管部門對尚小雲京劇團以及包括梅蘭芳京劇團、程硯秋京劇團、荀慧生京劇團在内的一批私營劇團進行登記。

7月，文化部爲開展全國戲曲改革工作，特邀請戲曲界的代表人物、新文藝界的戲劇專家與文化部戲曲改革工作的負責人員，共同組成"中央人民政府文化部戲曲改進委員會"，作爲戲曲改革工作的最高顧問性機構。周揚爲主任委員，委員有田漢、歐陽予倩、洪深、老舍、曹禺、馬少波以及王瑶卿、蕭長華、尚和玉、王鳳卿、馬德成、梅蘭芳、周信芳、程硯秋、尚小雲、荀慧生、譚小培等43人。

7月11日，周揚主持該委員會第一次會議，説明委員會的任務爲審定戲曲改進局所提出的修改與編寫的劇本，對戲曲改進工作的計劃、政策及有關事項向文化部提出意見。會議討論了一年來對戲曲節目的審定工作，確定了戲曲節目的審定標準。尚小雲與會。

8月，尚小雲率團在全國作第一次巡迴演出。從北京出發，先到天津、濟南、青島、濰坊、周村，後南下到達南京。

11月，尚小雲京劇團在南京演出一月。

1951年（辛卯）51歲

年初，繼續在鎮江、揚州、蘇州、上海、濟南、青島等地演出。沈鈞儒贈字："不愁前路無知己，天下無人不知君。"秋，尚長春、尚長麟等分出，成立新寧京劇團，尚小雲京劇團隨之改組，邀于連泉等加入。繼而赴徐州、鄭州演出。

12月，首次赴西安演出。後返南京暫居復成新村，被聘任爲南京市戲曲改進委員會副主任。

1952年（壬辰）52歲

年初，返回北京。

夏，出演於河北石家莊、衡水等地。

6月，在故鄉河北南宫縣演出。

1953年（癸巳）53歲

春，尚小雲率劇團奔赴塞北。從北京出發，到大連、瀋陽、長春、哈爾濱、佳木斯、鶴崗、伊春等地，同年冬返回北京。

9月，尚小雲自編自導了以除暴安良爲主題的新戲《峨嵋酒家》，尚小雲飾謝小玉。

是年，尚小雲根據榮春社排演的《太平天國》一劇改編的《洪宣嬌》在北京首演。

1954年（甲午）54歲

3月，尚小雲京劇團赴石家莊、德州、安陽、天津、鞍山、撫順等地演出，歷時七月餘。

6月16日，今起，尚小雲京劇團演於天津中國大戲院，尚小雲演《峨嵋酒家》、《乾坤福壽鏡》、《梁紅玉》等戲。

1955年（乙未）55歲

3月，當選爲政協北京市第一届委員會常委。

6月至年底，率團赴天津、秦皇島、濟南、烟臺、大連、本溪、蘇州、上海、南京、武漢等地演出。

1956年（丙申）56歲

是年，當選北京市文聯常務理事、北京市京劇工作者聯合會副主任。

是年赴南京、無錫、上海、嘉興、杭州、鎮江等地演出八月餘。

12月，尚小雲京劇團以《搜山打車》、《尼姑思凡》、《北詐》、《湘江會》四個劇目參加北京市戲曲劇團年終匯報演出。尚小雲主演《尼姑思凡》和《湘江會》。

是年，梅蘭芳京劇團、尚小雲京劇團、程硯秋京劇團、荀慧生京劇團、青年京劇團、新中華秦劇團成爲民營公助劇團，北京戲曲團體形成國營、民營、民營國助多種經濟體制並存格局。民營公助劇團均配以輔導員，代表政府參與管理。

1957年（丁酉）57歲

夏，尚小雲劇團從北京出發，赴唐山、濟南、濟寧、滕縣、兖州、洛陽、西安、太原、大同、張家口、宣化、呼和浩特等地演出，年底回北京。

10月，在河南新鄉收吴韵芳爲弟子。

是年，與荀慧生演《樊江關》。

1958年（戊戌）58歲

1月至10月，率劇團經蘭州、西寧到四川成都、重慶演出；後沿江而下，赴萬縣、宜昌、沙市、武漢、黄石、九江、南昌、株洲、長沙、漢口等地演出。

7月，文化部將部屬藝術表演團體全部下放北京市管理，同時，北京市也相應對市屬戲曲表演團體布局進行調整，並將一批戲曲劇團支援外省市或下放郊區縣。

年底，陝西省籌建京劇院，國務院副總理習仲勛、中共陝西省委書記張德生等動員尚小雲赴陝。尚小雲致函陝西省文化局局長魚訊，表示願與家人入秦。

1959年（己亥）59歲

1月6日，與家人離京到達西安。

2月，任陝西省戲曲學校藝術總指導、中國戲劇家協會陝西分會常務理事。

4月16日，向陝西省博物館捐贈珍藏多年的名人字畫、玉器66件。

7月，當選爲政協陝西省第二届委員會常務委員。與正在西安巡迴演出的奚嘯伯合演《御碑亭》。

8月，在西安首演《雙陽公主》。

9月，以《雙陽公主》晋京參加慶祝建國十週年演出，並任陝西省赴京獻禮演出團團長。

是年，北京市文化局以李元春爲主演的北京市青年京劇團爲基礎，調入趙榮琛、王吟秋，重組程派京劇團（原程硯秋京劇團於上年因程硯秋去世解散）;並將北京戲曲學校59届畢業生按流派分配至梅、尚、荀京劇團，以充實力量。

12月28日，北京市人民委員會批准北京市文化局的請示，宣佈將北京市所有民營公助京劇團改爲國營京劇團。

是年，收鮑綺瑜、李翔爲弟子。

1960年（庚子）60歲

1月，在西安演出《梁紅玉》、《昭君出塞》等戲。

3月，任中蘇友好協會陝西分會理事、全國文教群英會陝西省赴京代表團副團長。

4月，在陝西省戲曲青年演員會演及藝術教育工作大會上獲陝西省藝術教育工作者獎；親自執導的由陝西省戲曲學校京劇班學生演出的《山河淚》獲導演、演出等多項獎勵。

5月，爲陝西省文化局舉辦的演員訓練班(學員多係本年戲曲青年演員會演中獲獎的女演員)講課。

8月，收河北邯鄲東風劇團豫劇演員胡小鳳、牛淑賢等爲弟子。

1961年（辛丑）61歲

5月，率團赴銅川、延安等地演出《梁紅玉》、《武家坡》等戲。

6月，應邀赴河北邯鄲，爲優秀青年戲曲演員講課。

7月，應邀到山西太原、臨汾講學，並收各劇種演員王

秀蘭、賈桂林、程玉英、冀萍、張友蓮、楊翠花等22人爲弟子。

8月，率陝西省同州梆子實習演出團赴京彙報演出。

12月2日，在西安召開“尚小雲收徒傳藝大會”，收陝西省8個劇種、15個文藝團體演員李瑞芳、馬藍魚、郝彩鳳、齊海棠、王玲玉、姚月紅、邢鳳雲等35人爲弟子。

是年，北京市文化局根據市長彭真指示，將已分配至梅蘭芳京劇團、尚小雲京劇團、程硯秋京劇團、荀慧生京劇團的大部分戲校畢業生調回，組建北京市戲曲學校實驗京劇團。

是年，收劉秀榮、謝銳青爲弟子。

1962年（壬寅）62歲

2月，北京市文化局應荀慧生要求，將已經改爲國營的荀慧生京劇團改回集體所有制。

3月，西安電影製片廠拍攝《尚小雲舞臺藝術》戲曲影片，計拍攝《昭君出塞》及《失子驚瘋》兩個劇目，其子尚長春、尚長麟、尚長榮及蕭盛萱等參加演出。

8月，北京市長彭真指示：“北京市的京劇團仍然過多，應進一步調整精簡”，“不贊成一個流派成立一個京劇團”。據此，北京市文化局將梅蘭芳京劇團、尚小雲京劇團、青年(程派)京劇團、荀慧生京劇團整頓、合併爲北京京劇二團。

10月，應邀赴山東濟南舉辦80餘人參加的收徒傳藝學習班，并收劉碧、張玲、高明華等11個劇種40名青年演員爲弟子。有《我赴山東教學的講稿》存世，講稿分四個部分，對京劇表演的“四功”“五法”（唱念做打、口手眼身步）及水袖的運用、演員的多方面修養以及要注意的一些問題都有相當明確的總結，最後還結合《乾坤福壽鏡》一劇具體介紹了刻畫人物的方法，是極爲重要的京劇表演理論文獻。

1963年（癸卯）63歲

元月，應邀赴貴陽爲貴州、廣西7個劇種20餘個劇團103名青年演員講課，收弟子劉映秋、王秋芳、衡雲霞等50人。

6月，任陝西省京劇院籌備處主任。

12月，當選爲陝西省政協第三屆委員會常務委員。

自入陝至1966年“文化大革命”前，尚小雲在省內外共收弟子180餘名。

1964年（甲辰）64歲

元月，陝西省京劇院成立，任首任院長。

6月，率陝西省京劇院《延安軍民》劇組赴京參加全國京劇現代戲觀摩演出大會，任該劇藝術總指導。

1965年(乙巳)65歲

7月，任新編現代戲《秦嶺長虹》藝術指導，參加在蘭州舉行的西北地區現代戲觀摩演出。

1966年（丙午）66歲

“文化大革命”開始，遭受迫害。

1974年（甲寅）74歲

夏，因眼疾回北京治療。先住女婿任志秋家，後寄宿弟子吴素秋家中。

1976年（丙辰）76歲

3月，突發心肌梗塞，入院治療。昏睡12天。蘇醒後，併發尿毒症，引起腎衰竭，終致雙目失明。

4月19日，凌晨5時，卒於西安市第一人民醫院。

1980年（庚申）

10月30日，中央文化部在八寶山革命公墓禮堂爲尚小雲舉行追悼會，會後骨灰安放在八寶山革命公墓。

注　釋：

①一説尚族出東北，爲清平南王尚可喜後。未確。

②雙谿《尚小雲傳》：“……祖志銓，宰清遠縣。”（徐漢生編《尚小雲專集》，1935年3月京津印書局）又，棘公《尚小雲別傳》：“……祖志銓，起自田間，令定遠縣，有賢聲。”(《戲劇月刊》，上海大東書局第一卷八期）

③關於小雲之得名，尚長春《尚小雲與榮春社》：“一次，孫（怡雲）老先生對我的父親講：‘你的名字不太響亮，你跟我學戲，就借我一個“雲”字，叫小雲吧。’這樣，父親就有了‘尚小雲’這個名字。”(《京劇談往録》，北京出版社1988年第1版第2頁）荀慧生：“（李際良）給他請來教旦角戲的師傅是孫怡雲，所以尚三錫改名叫尚小雲。”（和寶堂編著《荀慧生》，遼寧美術出版社1999年12月第1版第8頁）一説，唐竹亭因三錫相貌酷似孫怡雲，乃爲之易名。見馬少波《剛陽不阿　藝如其人——尚小雲先生生平事略》(《京劇藝術大師尚小雲》，陝西人民出版社1990年4月第1版第4頁)。

④即过聽花，著有《中國戲曲》。

⑤據陳德霖之孫陳志明云：“尚小云先生出身三樂科班，有些資料説他在坐科班時曾受過祖父的指點，這種説法未被證實。但尚先生拜祖父爲師確有其事，據説已定在楊梅竹斜街的萬佛居（飯館名）行禮，并下帖請客，當時我祖父被某弟子約走，未能行拜師禮，成爲憾事。尚先生的演唱是繼承我祖父的唱法。”（陳志明編著《陳德霖評傳》，文津出版社1998年12月第1版第6頁）

編後記

POSTSCRIPT

1998年7月，我赴長春參加北方十五省、市、自治區哲學社會科學優秀圖書評獎會時，見到了北京出版社的畫册《一代宗師梅蘭芳》。我的心怦然一動，眼前頓時現出了尚小雲先生的身影。我没有在現場看過尚先生的戲，但西安電影製片廠拍攝的《尚小雲舞臺藝術》一片，我却多次看過，并深深地爲尚小雲先生的藝術所傾倒。

在尚小雲先生半個多世紀的藝術生涯中，創立流派與傳藝育人交相輝映，使他當之無愧地成爲京劇表演藝術大師。

尚派藝術是京劇表演藝術寶庫中一顆璀璨的明珠。尚先生飾演的角色，上至太后公主，下至妾婢娼優，每能融文武于一爐，駕輕就熟地調動多種表演手段，塑造了許多巾幗英雄和俠女形象，至今膾炙人口。尚先生對藝術精益求精，他與一批文人合作，先後編演了大批新戲；同時又對京劇傳統劇目表演進行了全面的整理和發展。這些劇目的演出，不僅深受觀衆的喜愛，更在京劇表演藝術史上留下深廣的影響，顯示了尚先生對京劇旦行表演藝術發展所作的孜孜不倦的探索。

尚小雲先生十分重視人才的培養和造就。1936年至1948年期間，他創辦了榮春社科班，先後出科的有“榮”“春”“長”“喜”四科學生590多名，成爲與富連成社、中華戲校等齊名的戲劇教育機構。

1959年，名動京華的尚小雲先生毅然離開心愛的劇團，離開條件優越的北京，舉家遷至陝西。在任陝西省戲曲學校藝術總指導和陝西省京劇院院長期間，他更是把主要精力放在培養戲曲藝術接班人上。他先後赴河北、山西、山東、雲南諸省，廣收弟子，言傳身教，使無數戲曲演員受益匪淺。

尚小雲先生在陝西17年，足迹遍三秦。但在“文化大革命”中他却受到了不公平的對待。我多麼想爲尚先生、也爲尚先生一生摯愛的京劇藝術做點什麽。於是，我便和當時一起參會的同志商量，醖釀編輯出版反映尚小雲先生藝術成就的畫册。

當我們把這一想法向原省委書記張勃興同志彙報後，得到了肯定和大力支持。張書記親自聯係，讓我們和尚長榮先生見面，并對編寫畫册作出了幾點明確指示。尚長榮先生四次到西安與我們商量畫册編輯出版的事，提供了他珍藏的尚先生生前300餘幅照片，并爲之奔走。可以説没有尚長榮先生的配合和努力，這本畫册的編輯出版是不可能的。2000年元月，在北京市戲曲學校召開尚小雲、荀慧生百年壽誕紀念會時，我們將即將出版尚小雲先生畫册的消息見告，與會者歡欣雀躍，均表支持。

櫻桃好吃樹難栽。首先遇到的困難便是資料不足。尚先生生前的大部分照片在“文化大革命”中散失，編輯畫册所需的資料和照片只能靠尚先生的親屬、弟子、學生、朋友來提供了。從1999年4月起，我們組織了楊忠(陝西省藝術研究所研究員)、孫明珠(陝西省京劇團著名演員)以及我社編輯先後數次去北京、上海、山東等地搜集資料；並與有關人士多方聯系，後來不少人陸續寄來了他們所珍藏的尚先生的照片。在這裏，我們要特別感謝尚先生的親屬杜璽英女士、陳寶成女士等，尚先生的高足吴素秋、孫榮蕙、李喜鴻、劉秀榮、謝銳青、鮑綺瑜、李翔、孫明珠等的大力支持和幫助。已屆80高齡的劉乃崇老先生將珍藏50多年的一批珍貴照片毫無保留地提供給我們，令畫册增色不少。尤其值得一提的是尚小雲先生原來的秘書張静榕先生。張先生年事已高，耳朵和眼睛都已不太好使了，但當聽説要編撰尚小雲先生的畫册時，他翻箱倒櫃，找出了自己收藏的尚先生的照片近200幅，爲畫册充實了很多内容。經過多方努力，我們共收集到尚先生的照片近千幅、有關資料300多篇。

楊忠先生對畫册的編纂情有獨鍾，他本人原本就在編寫尚小雲先生的傳記。當我們邀請他爲畫册撰稿時，他不顧身體有病，兩易其稿，使我們非常感動。爲了使畫册能更加突出尚派藝術特色，經尚長榮先生推薦，我們又邀請對京劇研究造詣很深的張偉品先生編寫了第三、四稿。經反復推敲、完善，最後的定稿可以説是辭章並茂。除正文外，張偉品先生還查閱大量資料，編出了《尚小雲藝事年表草》，使讀者能對尚小雲先生的藝術道路一目了然。

爲了保證畫册的質量，我們將書稿分送鈕驃（中國戲曲學院教授、原副院長）、貫湧（中國戲曲學院研究員、原副院長）、王家熙（上海市藝術研究所研究員）和王曉康（原陝西省文化廳副廳長）等人審讀，以防挂一漏萬。鈕驃先生在百忙中提出了很多寶貴意見，並提供了不少相關史料，親自爲《尚小雲藝事年表草》補充、校訂，還三次審校書稿。這種對事業的執著和一絲不苟的敬業精神，真值得我們學習。此外，全國政協主席李瑞環專門爲本書題寫了書名，中共陝西省委書記李建國給予本書以特別的支持和關照。上海市文化局、山東省文化廳、陝西省京劇團、陝西省歷史博物館、西安碑林博物館均對本書的編撰提供了幫助，在此一併致謝。

幾度春秋，數易寒暑。爲了使畫册的裝幀質量更上一層樓，我們的裝幀設計人員付出了辛勤的勞動。尤其是在付梓之際，仍有不少收尾工作要做。編輯們犧牲了假日休息，連續加班。倘若本書的出版能對中國傳統藝術的發揚和繼承起到一定的促進作用，那是和上述衆多同志的努力分不開的，可謂“人心齊，泰山移”呀!

本書即將出版，欣喜之餘也有些不安。雖然數易其稿，反復修改，但尚先生畢竟已逝世有年，有些資料難以搜集齊全，如果説書中還存在着問題和不足，歡迎批評指正。

僅以此書獻給京劇表演藝術家尚小雲先生。

僅以此書紀念這位不朽的藝術大師103周年誕辰。

周鵬飛

2002年12月于西安

封面題字 李瑞環
Front Cover Calligraphy: *Li Ruihuan*

顧　　問 張勃興　尚長榮
Consultants: *Zhang Boxing and Shang Changrong*

策　　劃 周鵬飛
Project Designing and Directing: *Zhou Pengfei*

執　　筆
圖片編次 楊　忠　張偉品
Text Writing and Picture Editing: *Yang Zhong and Zhang Weipin*

特邀編審 鈕　驃　王曉康
Supervising Editors: *Niu Biao and Wang Xiaokang*

英文翻譯 周漢平
English Translation: *Zhou Hanping*

英文審校 于建剛
English Proofreading: *Yu Jiangang*

實物拍攝 秦　嶺　馬心憑
Objects Photography: *Qin Ling and Ma Xinping*

責任編輯 何大凡　李向晨　魯小山
Executive Editors: *He Dafan, Li Xiangchen and Lu Xiaoshan*

整體設計 佀哲峰　孫恩戈　崔　凱　李向晨
Art Designing: *Si Zhefeng, Sun En'ge, Cui Kai and Li Xiangchen*

資料提供 陝西省京劇團　北京市藝術研究所
Data Source: *Shaanxi Provincial Beijing Opera Troupe, Beijing Art Research Institute*

尚長榮　杜璽英　陳寶成　張静榕　劉乃崇　王家熙
Shang Changrong, Du Xiying, Chen Baocheng, Zhang Jingrong, Liu Naichong, Wang Jiaxi,

鈕　驃　孫榮蕙　李喜鴻　吳素秋　張雲溪　劉秀榮
Niu Biao, Sun Ronghui, Li Xihong, Wu Suqiu, Zhang Yunxi, Liu Xiurong,

謝銳青　鮑綺瑜　李　翔　孫明珠　孫保樸　尚長貴
Xie Ruiqing, Bao Qiyu, Li Xiang, Sun Mingzhu, Sun Baopu, Shang Changgui,

任二娟　尚慧敏　尚繼春　楊翠花　張彩香　楊小華
Ren Erjuan, Shang Huimin, Shang Jichun, Yang Cuihua, Zhang Caixiang, Yang Xiaohua,

楊　忠　張偉品　鞠小蘇　白其麟　楊　健　周百歲
Yang Zhong, Zhang Weipin, Ju Xiaosu, Bai Qilin, Yang Jian, Zhou Baisui,

李　莉　董榮貴
Li Li and Dong Ronggui

(陝)新登字001號

圖書在版編目(CIP)數據
京劇大師尚小雲/楊忠，張偉品.—西安：陝西人民出版社，2003
ISBN 7-224-06412-2
Ⅰ.京… Ⅱ.①楊…②張… Ⅲ.尚小雲—生平事迹
Ⅳ.K825.78

中國版本圖書館CIP數據核字(2002)第010530號

京劇大師尚小雲

出版發行：陝西人民出版社
(西安北大街131號 郵編：710003 電話：029-7205140)

製　　版：陝西華文電腦設計製版中心
印　　刷：深圳中華商務聯合印刷有限公司

開　　本：787mm×1092mm　8開　35.5 印張
字　　數：100千字
版　　次：2003年6月第1版　2003年6月第1次印刷

書　　號：ISBN 7-224-06412-2/J・231

定　　價：560.00元